VIVE LE FRANÇAIS!

2

G. ROBERT McCONNELL
Coordinator of Modern Languages
Scarborough Board of Education
Scarborough, Ontario

ROSEMARIE GIROUX COLLINS
formerly Head of Modern Languages
Bawating Collegiate
Sault Ste. Marie, Ontario

RICK PORTER
Head of Languages
Loyalist Collegiate and Vocational Institute
Kingston, Ontario

ADDISON-WESLEY PUBLISHERS

Don Mills, Ontario • Menlo Park, California • Reading, Massachusetts
Amsterdam • London • Manila • Paris • Sydney • Singapore • Tokyo

Consultants

Anita Dubé
Professor, Faculty of Education
University of Regina
Regina, Saskatchewan

Heike Ferguson
French Coordinator
School District 35
Langley, British Columbia

James P. Jones
Supervisor, Second Languages
Edmonton Public Schools
Edmonton, Alberta

Donald Mazerolle
French Coordinator
School District 15
Moncton, New Brunswick

Maria Myers
Head of Modern Languages
Queen Elizabeth High School
Halifax, Nova Scotia

Claire Smitheram
French Coordinator
School Unit #3
Charlottetown, Prince Edward Island

Photo Credits:

Air Canada, pp. 62–63 (2); Alberta Travel, pp. 100–101; Byron Bush, pp. 16–17; Canadian Pacific Photos, pp. 62–63; Commission de Transport de la Communauté Urbaine de Montréal, pp. 100–101; W. Aubrey Crich, pp. 62–63 (3); Gouvernement du Québec, pp. 4–5 (2); Institut Belge d'Information et de Documentation, pp. 62–63; Albert Karvonen, pp. 88–89; Victor C. Last, pp. 62–63, 88–89 (3); Manitoba Government Travel, pp. 88–89; G. Robert McConnell, pp. 28–29; Rafael Millán, pp. 88–89 (2), 100–101 (2); Miller Services (H. Armstrong Roberts), pp. 100–101 (2); Movie Star News, pp. 76–77 (2); Eric H. Muller, pp. 16–17 (2), 62–63 (2), 88–89, 100–101; Office National Suisse du Tourisme, pp. 100–101; Ontario Ministry of Industry and Tourism, pp. 78–79 (2); 88–89 (4), 100–101; Office de tourisme du Canada; pp. 42–43; Prince Edward Island Tourism, pp. 28–29, 62–63, 88–89; Publishers' Graphics, pp. 28–29, 52–53, 62–63; Service des Relations Publiques-Ville de Montréal, pp. 42–43, 88–89 (2); Services Officiels français du tourisme (GABY), pp. 62–63; Mary R. Townley, pp. 88–89; Andrew Yull, pp. 100–101.

Cover photo: Marshall Henrichs

Written, printed and bound in Canada

J-BP-88 87   ISBN 0-201-14707-6

TABLE DES MATIÈRES

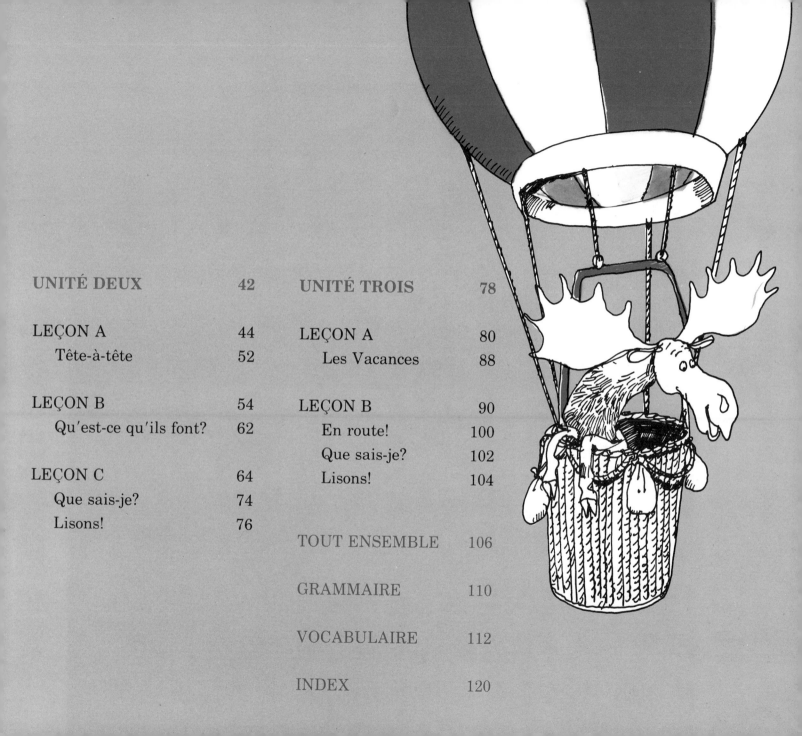

LA VILLE DE QUÉBEC

Did you know . . .

. . . that the first permanent French settlement in
North America was established at the present site of
Quebec City by Samuel de Champlain in 1608?

. . . that Quebec is the largest province in Canada? It is bigger
than France, Germany, Belgium, Spain and Switzerland
put together!

. . . that Quebec is the only walled city north of Mexico?

. . . that more than 500,000 tourists visit the *Carnaval de
Québec* each winter?

UNITÉ UN

In this unit you will learn:

how to use *il y a* (there is *or* there are);

how to express the idea of "some" in French;

how to name meals and certain foods;

how to use *avoir faim* (to be hungry) and *avoir soif* (to be thirsty);

how to count from 32 to 69;

how to express the negative with the verb *avoir* or *il y a;*

how to name the different rooms in a house;

how to tell what people are doing and what you are doing;

how to use the verb *parler* (to speak, to talk) and other similar verbs.

5

LES REPAS

A Qu'est-ce qu'il y a pour le petit déjeuner?

B Qu'est-ce qu'il y a pour le déjeuner?

Il y a des toasts et du café.

Il y a de la soupe et des sandwichs.

Badbog

C Qu'est-ce qu'il y a pour le dîner?

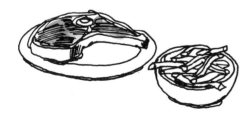

Il y a un bifteck et des frites.

CHEZ LES MARTIN

A MARCEL – Regarde, maman! Voilà un hamburger de luxe! Il y a de la viande, de la moutarde, de l'oignon, et du fromage!

MAMAN – C'est formidable!

7

B
PAPA – Qu'est-ce qu'il y a à la
télé, Anne?

ANNE – Il y a un match de hockey.

PAPA – Un match de hockey?

ANNE – Oui, canal douze. C'est les
Canadiens contre les Russes.

C
PAPA – Qu'est-ce que tu as là?

MARCEL – Un goûter.

PAPA – Un goûter?

MARCEL – Bien sûr! Il y a de l'orangeade,
des sandwichs, une pomme, du
gâteau, de la glace . . .

PAPA – Assez! Quel appétit!

masculin

un canal	*channel (T.V.)*
le déjeuner	*lunch*
le dîner	*dinner, supper*
un frigo	*refrigerator*
un goûter	*snack*
le hockey	*hockey*
papa	*dad*
le petit déjeuner	*breakfast*
un repas	*meal*

féminin

maman	*mom*

prépositions

contre	*against*
pour	*for*

expressions

à la télé	*on T.V.*
assez	*enough*
il y a	*there is, there are*
quel appétit!	*what an appetite!*

SAVIEZ-VOUS . . . ?

In Canada, le petit déjeuner, le déjeuner, *and* le dîner *are frequently called* le déjeuner, le dîner *and* le souper.

BON APPÉTIT!

Qu'est-ce qu'il y a dans le frigo?

masculin

1. un poulet (la viande)
2. le lait
3. un hamburger
4. le vin
5. le coca
6. le fromage
7. le rosbif (la viande)
8. le bifteck (la viande)
9. un oignon
10. le thé
11. le pain
12. le café
13. un gâteau
14. un sandwich
15. des toasts

féminin

16. l'eau
17. la glace
18. les frites
19. la moutarde
20. la salade
21. une tomate
22. une pomme
23. la soupe
24. l'orangeade

L'ARTICLE PARTITIF *DU, DE LA, DE L'* (some, any)

Use the partitive article with singular nouns when referring to a <u>part</u> instead of all of something.

before a masculine noun:

Il y a du pain sur la table.

before a feminine noun:

Il y a de la viande dans le sandwich.

before a masculine or feminine noun
  beginning with a vowel sound:

Il y a de l'oignon dans le hamburger.
Il y a de l'eau dans le verre.

l'article indéfini	**l'article défini**	**l'article partitif**

un gâteau	le gâteau de Paul	du gâteau

 With plural nouns, use the indefinite article.
Il y a des élèves dans le gymnase.

IL Y A ET *VOILÀ* (there is, there are)

Pointing out: Voilà la piscine des Gagnon.
Stating a fact: Il y a une piscine chez les Gagnon.

A Dans la cafétéria

Marie asks Anne what's for lunch.

des frites

MARIE – Qu'est-ce qu'il y a pour le déjeuner?
ANNE – Il y a des frites!

1. du gâteau
2. des hamburgers
3. de la salade

4. du poulet
5. de la soupe
6. du rosbif

7. des sandwichs
8. de la glace
9. du pain

B Dans le restaurant

M. Lafleur calls the waiter to his table.

le fromage

M. LAFLEUR – Est-ce que vous avez du fromage?
LE GARÇON – Oui, nous avons du fromage.

1.

2.

3.

4.

5.

6.

7.

8.

9.

A Au restaurant

Qu'est-ce qu'il y a pour le déjeuner?

IL Y A UN HAMBURGER, DE LA SALADE, ET DU FROMAGE.

LUNDI 1er JANVIER

PLAT DU JOUR

1. LUNDI 1er JANVIER

2. MARDI 2 JANVIER

3. MERCREDI 3 JANVIER

4. JEUDI 4 JANVIER

5. VENDREDI 5 JANVIER

6. SAMEDI 6 JANVIER

7. DIMANCHE 7 JANVIER

B Composez bien!

Faites des phrases complètes! *There are several combinations!*

1. Voici	du	glace
2. J'ai	un	gâteau de Paul
3. Est-ce que c'est	une	frères
4. Est-ce que tu as	des	poulet
5. Il a	de la	professeur
6. C'est	de l'	voiture de sport
7. Voilà	le	eau
	la	auto de M. Leduc
	l'	film français

C L'agence de voyages

Faites des dialogues! Suivez le modèle.

1. des hôtels / Paris
2. des écoles / Moncton
3. des restaurants / Winnipeg
4. des cinémas / Halifax
5. des bibliothèques / Edmonton
6. des piscines / Vancouver
7. des matchs de hockey / Regina
8. un stade / Montréal
9. une tour / Toronto
10. des touristes / Québec

D Faites des phrases!

Il y a

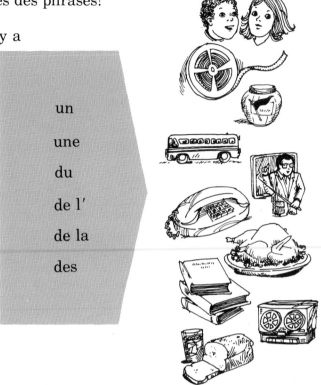

un

une

du

de l'

de la

des

dans la bibliothèque

dans le sandwich

devant la maison

dans la salle de classe

à la télé

sur la viande

dans le bureau du directeur

sur la table

dans le frigo

sur le bureau du professeur

E L'élimination des mots

1. télé, film, disque, auto
2. goûter, dimanche, dîner, déjeuner
3. orangeade, pomme, glace, gâteau
4. moutarde, oignons, moto, tomates
5. pain, vin, lait, eau

F Prononcez bien!

1. sur, luxe
2. voiture, une
3. salut, bienvenue
4. lune, pupitre
5. autobus, bureau

G Mini-dialogue

- Qu'est-ce qu'il y a pour le dîner?
- Il y a de la soupe.
- Est-ce qu'il y a des hamburgers aussi?
- Non, mais il y a du poulet.

1. pour le déjeuner
   des sandwichs
   du gâteau
   des pommes

2. dans le hamburger
   de l'oignon
   du fromage
   des tomates

3. dans le frigo
   de la glace
   de l'orangeade
   du lait

H Mini-dialogue

- Qu'est-ce qu'il y a à la télé?
- Il y a un film.
- C'est un western?
- Non, c'est un policier.

1. un film français
   une comédie
   un drame

2. un match
   un match de football
   un match de basket-ball

3. un film canadien
   une aventure
   un mystère

AVANT ET APRÈS!

1. Il y a du vin dans la bouteille.

3. Il y a de la viande dans le sandwich.

2. Il n'y a pas de vin dans la bouteille.

4. Il n'y a pas de viande dans le sandwich.

5. Il y a de l'eau
dans la piscine!

7. Il y a des biscuits
sur la table.

6. Il n'y a pas d'eau
dans la piscine!

8. Il n'y a pas de biscuits
sur la table.

19

TU AS FAIM?

A MARIE – J'ai faim!

ANDRÉ – Moi aussi!

MARIE – Qu'est-ce que tu as pour le déjeuner?

ANDRÉ – J'ai des sandwichs. Et toi?

MARIE – Moi, je n'ai pas de sandwichs— j'ai de la pizza!

B CLIENT – Garçon!

GARÇON – Oui, monsieur?

CLIENT – De la soupe, un bifteck et des pommes de terre, s'il vous plaît.

GARÇON – Nous n'avons pas de soupe, monsieur.

CLIENT – Alors, de la salade.

GARÇON – Tout de suite, monsieur.

CLIENT – J'ai soif aussi. Un verre de lait, s'il vous plaît.

GARÇON – Très bien, monsieur.

masculin

l'argent	*money*
un biscuit	*cookie*
un garçon	*waiter; boy*
un verre	*glass*

féminin

une bouteille	*bottle*
une pizza	*pizza*
une pomme de terre	*potato*
une table	*table*

prépositions

après	*after*
avant	*before*

expressions

avoir faim	*to be hungry*
avoir soif	*to be thirsty*
eh bien . . .	*well then . . .*
tout de suite	*right away*

EXPRESSIONS AVEC *AVOIR*

Ils ont soif.

Il a faim.

C'EST COMBIEN?

OIGNONS	30¢/kg	trente
POMMES	31¢/kg	trente et un
BANANES	32¢/kg	trente-deux
ORANGES	33¢/kg	trente-trois
POMMES DE TERRE	34¢/kg	trente-quatre
TOMATES	35¢/kg	trente-cinq
FROMAGE	36¢/kg	trente-six
PAIN	37¢	trente-sept
THÉ	38¢	trente-huit
COCA	39¢/L	trente-neuf
GLACE	40¢/L	quarante
LAIT	50¢/L	cinquante
POULET	60¢/kg	soixante

C'est combien ?

Le lait, c'est cinquante cents le litre et les pommes, c'est trente et un cents le kilo.

1. C'est combien, un litre de glace?
2. C'est combien, un kilo d'oranges?
3. C'est combien, deux kilos d'oignons?
4. C'est combien, un litre de coca?
5. C'est combien, un kilo de pommes?
6. C'est combien, un kilo de fromage?

LA NÉGATION *NE . . . PAS DE (no, not any)*

phrases affirmatives	**phrases négatives**
Est-ce que tu as <u>un</u> livre? ⟶	Non, je n'ai pas de livre.
Il y a <u>une</u> party chez Margot? ⟶	Non, il n'y a pas de party chez Margot.
Est-ce qu'il y a <u>du</u> fromage? ⟶	Non, il n'y a pas de fromage.
Vous avez <u>de la</u> salade? ⟶	Non, nous n'avons pas de salade.
Il y a <u>de l'</u>orangeade? ⟶	Non, il n'y a pas d'orangeade.
Est-ce qu'il a <u>des</u> disques? ⟶	Non, il n'a pas de disques.

Use de *or* d' *in a negative sentence to replace* un, une, de la, de l', du *or* des.

pas + un, une
pas + de la, de l', du   ➤   pas de
pas + des   pas d'

 Avec le verbe *être* l'article ne change pas!

| C'est <u>du</u> fromage? | Non, ce n'est pas <u>du</u> fromage. |
| C'est <u>une</u> Corvette? | Non, ce n'est pas <u>une</u> Corvette. |

A Le frigo est vide!

After yesterday's party, Marcel has to go shopping.
Chantal checks to see what's left in the fridge.

du fromage

MARCEL – Est-ce qu'il y a du fromage?
CHANTAL – Non, il n'y a pas de fromage!

1. des pommes
2. du poulet
3. de la glace
4. de la viande
5. du gâteau
6. de l'orangeade
7. du lait
8. de la pizza
9. du pain

B À l'école!

What would you see in your classroom:

a) *during the school year?*

Il y a un bureau.
Il y a des livres.

b) *during summer cleanup, when classrooms are empty?*

Il n'y a pas de bureau.
Il n'y a pas de livres.

1. bureau
2. livres
3. films
4. tests
5. magnétophone
6. cahiers
7. stylos
8. pupitres
9. chaises
10. professeur
11. crayons
12. élèves

A Oui *ou* non?

– Est-ce qu'il y a de la salade?
– Oui, il y a de la salade.

– Est-ce qu' il y a du vin?
– Non, il n'y a pas de vin.

MENU

~~Soupe~~
SALADE
BIFTECK
~~POULET~~
ROSBIF
HAMBURGERS
FRITES
~~SANDWICHS~~

·DESSERTS·
GLACE
~~GÂTEAU~~
POMMES
~~FROMAGE~~

·BOISSONS·
LAIT
THÉ
CAFÉ
~~COCA~~
~~VIN~~

Bon appétit!

B Vocabulaire en images

1. ! Un de coca, s'il vous plaît!

2. Fifi a , mais elle n'a pas d' pour une .

3. Robert! Tu as faim? Il y a du et du dans le frigo!

C Mini-dialogue

– Vous avez le numéro de téléphone de Roger Béliveau?
– Oui, c'est 334-7510.
– Et l'adresse, s'il vous plaît?
– 58, rue Gendron, appartement 42.
– Merci beaucoup.

1. Denise Leblanc
   465-5332
   22, av. Martin, app. 51

2. Michel Larue
   719-8266
   35, av. Tremblay, app. 66

3. Dominique Gaston
   557-4294
   41, rue Savard, app. 39

4. Julien Leclerc
   314-4220
   58, rue Papineau, app. 66

25

D Mini-dialogue

> – Est-ce que tu as des soeurs?
> – Non, je n'ai pas de soeurs, mais j'ai un frère.

1. des frères
   quatre soeurs

2. une moto
   une bicyclette

3. un magnétophone
   une radio

4. des biscuits
   du gâteau

5. du rosbif
   du poulet

6. de l'argent
   des amis

E À la négative, s'il vous plaît!

1. Nous avons une piscine.
2. J'ai une soeur.
3. C'est une Kawasaki.
4. Vous avez des frites?
5. C'est un film français.
6. Il y a un match à la télé.
7. Elle a deux livres.
8. C'est des toasts.
9. C'est du pain.
10. Tu as des sandwichs.

F Il y a une vente aujourd'hui!

Qu'est-ce qu'il y a? C'est combien?

G Faim ou soif?

Faites des dialogues!

modèle:

1. biscuits
2. orangeade
3. gâteau
4. salade
5. coca
6. hamburgers
7. frites
8. lait
9. pizza

H Une party chez Gisèle

C'est samedi. Il y a une party chez Gisèle.
Il y a de la musique. Sur la table il y a des
hamburgers, des frites et de la pizza. Pour
le dessert il y a un gâteau magnifique. Dans
le frigo il y a du coca et de l'orangeade.
C'est une party fantastique!

Vrai ou faux?

1. Il n'y a pas de musique chez Gisèle.
2. Il n'y a pas d'orangeade.
3. Il y a de la glace pour le dessert.
4. Il y a du coca dans l'électrophone.
5. C'est vendredi soir.
6. C'est une party fantastique!

TU PARLES FRANÇAIS?

A Il prépare le dîner.

B Elles chantent.

C Ils travaillent.

D Elles chantent bien.
Ils ne chantent pas bien.

E   Ils parlent français.

F   Les enfants n'écoutent pas.

G   Les enfants regardent la télé.

H   Il parle français.
Elle ne parle pas français.

CHEZ LES DUCLOS

C'est lundi soir.
Les Duclos sont à la maison.

1. Mme Duclos est dans le garage.
   Elle travaille.
2. M. Duclos est dans la cuisine.
   Il prépare une salade.
3. Roger est dans le salon.
   Il regarde un match de hockey
   à la télé.

4. André n'aime pas le hockey.
   Il parle avec une amie dans la salle
   à manger.
5. Monique est dans la salle de récréation.
   Elle écoute la radio.
6. Nicole est dans la chambre à coucher.
   Elle travaille.
7. Où est Pierre?
   Il est dans la salle de bains.
   Il chante sous la douche.

VOCABULAIRE

masculin

un salon	*living room*

féminin

une cuisine	*kitchen*
une chambre (à coucher)	*bedroom*
une douche	*shower*
une radio	*radio*
une salle à manger	*dining room*
une salle de bains	*bathroom*
une salle de récréation	*recreation room*

verbes (-er)

aimer	*to like*
chanter	*to sing*
écouter	*to listen (to)*
parler	*to speak, to talk*
préparer	*to prepare*
regarder	*to look (at)*
travailler	*to work*

préposition

avec	*with*

expressions

bien	*well*
à la maison	*at home*

OBSERVATIONS

LES VERBES -*ER*

modèle: parler *(to speak, to talk)*

singulier	pluriel
je parle *	nous parlons
tu parles	vous parlez
il parle	ils parlent
elle parle	elles parlent

*I speak, I am speaking, I do speak

*Find the **stem** by dropping -er from the infinitive. Then, add the correct ending. Most French verbs end in -er and follow this pattern.*

 All forms of the verb sound the same, even if spelled differently, except parlons *and* parlez.

33

A Bien sûr, je regarde la télé!

Jacques parle avec Colette.

regarder la télé

JACQUES – Est-ce que tu regardes la télé?

COLETTE – Bien sûr, je regarde la télé!

1. parler avec Louise
2. écouter la radio
3. préparer des pizzas
4. chanter bien

5. travailler à l'école
6. écouter des disques
7. aimer les sports
8. regarder les matchs

B La visite de Mme Lafleur

Mme Lafleur parle avec André et Marie.

aimer M. Moustache

Mme LAFLEUR – Est-ce que vous aimez M. Moustache?

ANDRÉ ET MARIE – Oui, nous aimons M. Moustache.

1. parler français
2. aimer la musique
3. chanter bien

4. écouter la radio
5. regarder la télé
6. préparer le déjeuner

C Chez les Tremblay

Décrivez les activités.

M. Tremblay (regarder la télé) Il regarde la télé.

1. Mme Tremblay (parler avec une amie)
2. Charles (travailler dans le garage)
3. Colette et Lucie (écouter des disques)
4. David et Christine (regarder le match de hockey)
5. Michel et Pierre (préparer des sandwichs)

A Vocabulaire en images

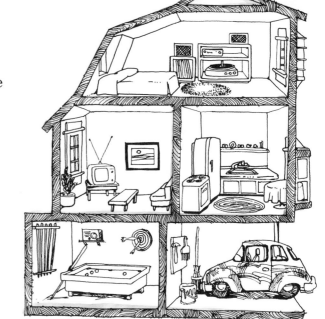

1. Les enfants 👀 la 📺 dans le

2. J' 👂 la 📻 dans la

3. Maman 👩 dans le

4. Nous 👂 des 💿 dans la

5. Louise prépare un 🥪 dans la

B Quel verbe? Quelle forme?

1. Vous (préparer/écouter) un sandwich?
2. Je (parler/regarder) au téléphone.
3. Est-ce que tu (travailler/aimer) les biscuits?
4. Oui, nous (être/regarder) des films à l'école.
5. Georges et Michelle (écouter/avoir) une party aujourd'hui.
6. Brigitte (être/aimer) les comédies à la télé.

C Décrivez les images!

1. Ils regardent un film.

D La maison des Béliveau

Regardez les images et répondez
aux questions.

1. Qui est dans la cuisine? la chambre à coucher?
   la salle de bains? le salon? la salle à manger?
2. Est-ce que Chantal regarde la télé?
3. Est-ce que maman prépare un sandwich?
4. Est-ce que Jacques écoute la radio?
5. Est-ce que Denise parle avec maman?
6. Est-ce que papa travaille dans le garage?
7. Où est la radio? la télé? maman? Chantal?
8. Où est-ce que maman et Marcel parlent?

E Composez bien!

1. La party est	dans le frigo
2. Il y a un film	sur la table
3. Le téléphone est	dans la salle de bains
4. Jacques écoute la radio	chez Lulu
5. Le garçon travaille	devant l'école
6. Vite, l'autobus est	à la télé
7. La viande est	dans le restaurant

F Mini-dialogue: Est-ce que tu aimes . . . ?

HENRI – Est-ce que tu aimes les sports?

LISE – Bien sûr, j'aime les sports!

HENRI – Et toi, Paul?

PAUL – Mais non, je n'aime pas les sports!

1. l'école
2. les partys
3. le professeur
4. le coca
5. les films
6. les frites
7. la musique "pop"
8. les bonbons
9. le directeur

G Mini-dialogue: Où sont les enfants?

PAPA – Où sont les enfants?

MAMAN – Jean est dans le salon.
Il écoute des disques.

PAPA – Et Lise et Marie?

MAMAN – Elles regardent un mystère
à la télé.

1. la cuisine
préparer une pizza
un film

2. la salle de récréation
parler avec des amis
un match de tennis

3. le garage
travailler
une comédie

4. le salon
parler au téléphone
un policier

In this unit you have learned:

- *how to use* il y a *(there is or there are);*
- *how to express the idea of "some" in French;*
- *how to name meals and certain foods;*
- *how to use* avoir faim *(to be hungry) and* avoir soif *(to be thirsty);*
- *how to count from 32 to 69;*
- *how to express the negative with the verb* avoir *or* il y a;
- *how to name the different rooms in a house;*
- *how to tell what people are doing and what you are doing;*
- *how to use the verb* parler *(to speak, to talk) and other similar verbs.*

A En français, s'il te plaît! Choisis bien!

1. *I don't watch T.V.*
2. *You're not listening!*
3. *The principal is speaking.*
4. *I like the girl.*
5. *They are preparing dinner.*
6. *Maurice sings well.*
7. *We are working.*
8. *They are listening.*

Nous travaillons.
J'aime la jeune fille.
Maurice chante bien.
Vous n'écoutez pas!
Ils préparent le dîner.
Elles écoutent.
Le directeur parle.
Je ne regarde pas la télé.

B Les prépositions

avec, dans, sous, sur, à, contre, derrière, devant, chez

1. Il y a un film . . . la télé.
2. Vite! L'autobus est . . . l'école!
3. La party est . . . Gisèle.
4. C'est un match de hockey:
   les Canadiens . . . les Russes.
5. Marcel parle . . . une amie.
6. La viande est . . . le frigo.
7. Le téléphone est . . . la table.
8. Le mécanicien est . . . la voiture.
9. La directrice est . . . le bureau.
10. Est-ce qu'il y a une piscine . . .
    toi?

C Complétez les phrases!

du, de la, de l', des

1. Maman! Est-ce qu'il y a . . . pain?
2. Est-ce qu'il y a . . . pommes dans
   le frigo?
3. Maman, est-ce qu'il y a . . . gâteau
   pour moi aussi?
4. J'ai . . . sandwichs et . . . biscuits.
5. Il y a . . . poulet et . . . salade.
6. Est-ce que vous avez . . . argent?
7. Garçon! . . . vin, s'il vous plaît!
8. Il y a . . . eau dans le verre.
9. Est-ce que tu as . . . frères?
10. Il y a . . . viande dans le sandwich.

D Faites une conversation!

ANDRÉ – J'ai faim et j'ai soif!
Qu'est-ce qu'il y a dans le frigo?
MARIE – Il y a . . .

un	sandwichs	pizza
une	bifteck	viande
des	glace	poulet
du	orangeade	frites
de l'	hamburger	fromage
de la	banane	lait

E Voilà *ou* il y a?

1. Georges, . . . Brigitte Labombe!
2. . . . trente élèves dans la classe.
3. . . . M. Vachon. Il est formidable!
4. Est-ce qu' . . . du coca dans le frigo?
5. . . . une Corvette!
6. Maman! . . . trois autos chez Henri!

F Les nombres

1. *Pronounce the <u>odd</u> numbers from 31 to 69.* 2. *Pronounce the <u>even</u> numbers from 30 to 68.*
3. *Find the pattern and complete the series.*
   a) 2, 4, 6, 8, –, –, –, 16   b) 30, 35, 40, –, –, –, 60   c) 1, 11, 21, –, –, –, 61
4. *Write out the numerals.* a) cinquante-huit b) trente-trois c) quarante-quatre
   d) soixante e) trente-neuf f) soixante-sept

G Il y a un problème. Pourquoi?

1. *Larry can't go to the concert.* (billet) ⟶ Il n'a pas de billet.
2. *The twins can't buy new bikes.* (argent)
3. *Brigitte can't go swimming.* (bikini)
4. *You can't go swimming in your back yard.* (piscine)
5. *The girls have to rent a car.* (voiture)
6. *Aunt Martha can't bake an apple pie today.* (pommes)
7. *Your girl friend can't come to your cottage.* (auto)
8. *You and your brother can't make a sandwich.* (pain)
9. *You can't write the French test.* (stylo)

H Au singulier et au pluriel, S. V. P!

a) Tu aimes le disque? ⟶ Vous aimez les disques?
b) Nous avons des frères. ⟶ J'ai un frère.

1. Elle parle avec une amie.
2. Nous aimons les professeurs.
3. Vous avez les billets?
4. Nous sommes de Winnipeg.
5. Je ne travaille pas.
6. Tu chantes bien!
7. Les élèves regardent les matchs.
8. Il prépare un sandwich.
9. Les enfants écoutent les disques.
10. Le professeur n'est pas ici.

LUC EST MALADE

Aujourd'hui Luc n'est pas à l'école. Est-ce que c'est un jour de congé? Non, c'est mardi. Luc est malade. Mais ce n'est pas sérieux. Dans la chambre de Luc il y a une radio. 3 Il écoute de la musique.

La mère de Luc apporte le petit déjeuner. Il y a des toasts, du jus d'orange et une omelette. 6

Luc est très content. Pourquoi? Aujourd'hui, il pleut et à l'école les amis de Luc ont un test de mathématiques!

Vocabulaire

un jour de congé	*holiday*
le jus d'orange	*orange juice*
apporter	*to bring*
content	*happy*
sérieux	*serious*

A Vrai ou faux?

1. C'est jeudi.
2. Le père de Luc apporte le petit déjeuner.
3. Ce n'est pas un jour de congé.
4. Il y a un test de français à l'école.
5. Il pleut.

B Questions

1. Pourquoi est-ce que Luc n'est pas à l'école?
2. Est-ce que Luc regarde la télé?
3. Qu'est-ce que la mère de Luc prépare pour le petit déjeuner?
4. Quel temps fait-il?
5. Qu'est-ce qu'il y a aujourd'hui à l'école?

C Questions personnelles

1. Est-ce que tu as une radio?
2. Est-ce que tu écoutes de la musique?
3. Est-ce que tu as des tests à l'école?
4. Est-ce que tu aimes les tests?
5. Est-ce que tu aimes les mathématiques?

D Vive la différence!

français	anglais
séri eux	seri ous
nerveux	?
curieux	?
furieux	?
dangereux	?

E L'explosion des mots!

41

LA VILLE DE MONTRÉAL

Did you know . . .

  . . . that the city of Montreal is situated on an island in the
St. Lawrence River?

  . . . that more than 2 900 000 people live in Metropolitan
Montreal?

  . . . that in 1967, Montreal was the site of "Expo '67", a World's
Fair celebrating Canada's 100th birthday?

  . . . that the 1976 Summer Olympic Games were held in Montreal?

UNITÉ DEUX

In this unit you will learn:

how to use the verb *faire*
(to do, to make);

how to use an adjective to indicate
possession;

how to ask what people are doing;

how to name various school subjects;

how to name the members of the family;

how to ask someone's age and tell
your own age;

how to count from 70 to 100.

UNE INTERVIEW AVEC ROGER DUBÉ

Un annonceur de la station de radio CVLF visite l'école Cartier.
Il fait une interview pour l'émission *Les écoles d'aujourd'hui*.

A

ANNONCEUR – Bonjour! Est-ce que
tu as une minute?

ROGER – Bien sûr!

ANNONCEUR – Comment t'appelles-tu?

ROGER – Je m'appelle Roger Dubé.

ANNONCEUR – Est-ce que tu aimes
l'école, Roger?

ROGER – Ah, oui! Le basket-ball,
le football, le hockey,
c'est formidable!

B

ANNONCEUR – Alors, tu aimes les sports,
n'est-ce pas?

ROGER – Mais oui! Nous avons des
classes d'éducation physique.
Nous nageons dans la piscine,
nous . . .

ANNONCEUR – Mais Roger, tu étudies
l'anglais, le français
et les maths aussi,
n'est-ce pas?

ROGER – Oui, mais je n'aime pas
tout ça! Moi, j'aime le
basket-ball, le football . . .

C

ANNONCEUR – Tu as des amis, Roger?

ROGER – Oui, Pierre, Henri, Lise . . .

ANNONCEUR – Qu'est-ce que vous faites
après les classes?

ROGER – Nous mangeons un goûter ou
nous faisons du sport.

ANNONCEUR – Alors, quand est-ce que
vous faites les devoirs?

ROGER – Eh bien, mes amis font
les devoirs après le dîner.

D

ANNONCEUR – Et toi, quand est-ce que
tu fais les devoirs?

ROGER – Moi, je n'ai pas le temps!
En automne je fais du
basket-ball, en hiver je
fais du hockey . . .

ANNONCEUR – Merci, Roger.

ROGER – Mais monsieur! Au printemps
je fais . . .

ANNONCEUR – Au revoir, Roger! Merci
beaucoup!

masculin

l'anglais	*English*
un annonceur	*announcer*
les devoirs	*homework*
le football	*football (game)*
le français	*French*
un sport	*sport*
le temps	*time, weather*

féminin

l'éducation physique	*physical education*
une émission	*program*
une interview	*interview*
les maths	*mathematics*
une minute	*minute*
une station de radio	*radio station*

verbes

étudier	*to study*
faire	*to do, to make*
manger	*to eat*
nager	*to swim*
visiter	*to visit*

expressions

après les classes	*after school*
faire du sport	*to play sports*
mes amis	*my friends*
tout ça	*all that*

LES MATIÈRES

Qu'est-ce que tu étudies?
J'étudie . . .

L'ANGLAIS

LE FRANÇAIS

L'HISTOIRE

LA GÉOGRAPHIE

L'ÉDUCATION PHYSIQUE

LES SCIENCES

LES MATHÉMATIQUES

LE DESSIN

LA MUSIQUE

LE VERBE *FAIRE*
(to do, to make)

je fais	nous faisons
tu fais	vous faites
il fait	ils font
elle fait	elles font

LE VERBE *ÉTUDIER*
(to study)

j' étudie	nous étudions
tu étudies	vous étudiez
il étudie	ils étudient
elle étudie	elles étudient

LES VERBES -*GER*

modèle: manger *(to eat)*

je mange	nous mangeons
tu manges	vous mangez
il mange	ils mangent
elle mange	elles mangent

A Les devoirs

Les amis de Chantal travaillent beaucoup!

Henri

CHANTAL – Qu'est-ce que tu fais
ce soir?

HENRI – Je fais les devoirs.

Paul et André

CHANTAL – Qu'est-ce que vous faites
ce soir?

PAUL ET
ANDRÉ – Nous faisons les devoirs.

1. Marcel	5. Louise
2. Roger	6. Guy et Janine
3. Anne	7. François
4. Jean et Pierre	8. Marie et Lise

B Est-ce que tu aimes . . .

. . . le dessin?

LOUISE – Oui, j'aime
le dessin!

ANDRÉ – Non, je n'aime
pas le dessin!

1. . . . le français?
2. . . . la musique?
3. . . . l'anglais?
4. . . . la géographie?
5. . . . l'histoire?
6. . . . les sciences?
7. . . . les maths?
8. . . . l'éducation physique ?

47

C Les activités

Thérèse pose des questions à Richard.

Roger (regarder la télé).

THÉRÈSE – Qu'est-ce que Roger fait?

RICHARD – Il regarde la télé.

1. Luc (regarder la télé).
2. Lise (préparer le dîner).
3. François (faire les devoirs).
4. Jean et Pierre (étudier le français).
5. Pierre et Marianne (nager dans la piscine).
6. M. Dubé (travailler en ville).
7. Chantal et Claire (écouter la radio).
8. Mme Dubé (visiter l'école Cartier).

AU TRAVAIL!

A Une interview avec Roger Dubé

1. Comment s'appelle la station de radio
2. Quelle école est-ce que l'annonceur visite?
3. Pour quelle émission est-ce que l'annonceur fait une interview?
4. Qu'est-ce que Roger aime à l'école?
5. Qu'est-ce qu'il étudie?
6. Est-ce qu'il a des amis?
7. Qu'est-ce qu'ils font après les classes?
8. Quand est-ce que les amis de Roger font les devoirs?
9. Est-ce que Roger fait les devoirs?

B Mini-dialogue: Je ne regarde pas la télé!

RICHARD – Salut, Danielle!
Qu'est-ce que tu fais ce soir?
Tu regardes la télé?
DANIELLE – Non, je ne regarde pas la télé.
J'étudie pour un test.

1. après le dîner
   faire les devoirs

2. demain soir
   écouter des disques

3. samedi soir
   regarder un film

C Décrivez la semaine de Roger.

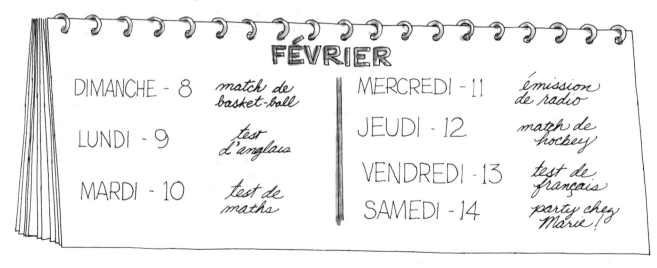

FÉVRIER

DIMANCHE - 8   match de basket-ball

LUNDI - 9   test d'anglais

MARDI - 10   test de maths

MERCREDI - 11   émission de radio

JEUDI - 12   match de hockey

VENDREDI - 13   test de français

SAMEDI - 14   party chez Marie!

1. Quel jour est-ce qu'il y a un match de basket-ball?
2. C'est quand, le test de français?
3. Qu'est-ce qu'il y a le neuf février?
4. Qu'est-ce que Roger fait jeudi?
5. Où est la party? C'est quand?

D Quel verbe? Quelle forme?

1. Nous (étudier/manger) le français.
2. J'ai faim! Quand est-ce que nous (chanter/manger)?
3. Est-ce que tu (préparer/visiter) la station CVLF samedi?
4. Les élèves (étudier/manger) dans un restaurant.
5. Thérèse (faire/manger) les devoirs ce soir.
6. Georges et Roger aiment les sports. Ils (travailler / faire) du hockey.
7. Après les classes, Roger (étudier/nager) dans la piscine.
8. Est-ce que vous (chanter/faire) du sport?

E Mini-dialogue: Qu'est-ce que tu fais ce matin?

LOUISE – Qu'est-ce que tu fais ce matin?
ROGER – J'étudie les maths.
LOUISE – Tu aimes ça?
ROGER – Non! Moi, j'aime les sports!

F Une interview personnelle

1. Comment t'appelles-tu?
2. Qu'est-ce que tu étudies à l'école?
3. Qu'est-ce que tu aimes à l'école?
4. Qu'est-ce que tu n'aimes pas?
5. Est-ce que tu as des devoirs?
6. Quand est-ce que tu fais les devoirs?
7. Est-ce que tu aimes les devoirs?
8. Est-ce que tu étudies beaucoup?
9. Est-ce que tu aimes les sports?
10. Qu'est-ce tu fais après le dîner?
11. Est-ce que tu aimes l'hiver? le printemps? l'été? l'automne?
12. Est-ce que tu aimes la musique? les concerts? les partys?

TÊTE-À-TÊTE

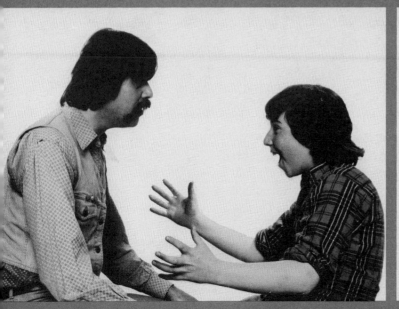

UNE COMPOSITION FRANÇAISE

Roger prépare une composition pour son professeur de français.

Ma Famille
par Roger Dubé

le 10 mai

Il y a six personnes dans ma famille. Nous habitons dans une maison moderne dans la rue Saint-Denis.

Mes parents travaillent en ville. Mon père a quarante ans. Il travaille dans un bureau. Il est sympathique – il regarde les matchs de hockey avec moi.

Ma mère est très aimable. Elle travaille dans un supermarché. Elle a quarante ans aussi.

Mon frère Paul a dix-huit ans. Il étudie beaucoup! Il aime l'école!

Ma soeur Louise a seize ans. Elle parle toujours au téléphone avec son ami André.

Ma soeur Anne a neuf ans. Elle est pénible!

Et moi? C'est mon anniversaire aujourd'hui. J'ai quatorze ans. J'adore les sports et je déteste les compositions!

LA FAMILLE DE ROGER DUBÉ

C'est dimanche après-midi. Il fait très beau. Les Dubé sont dans le jardin.
Roger est dans la piscine avec sa soeur Anne. Son frère Paul écoute la radio.
Sa soeur Louise travaille. Ses parents travaillent aussi. Son père et sa mère
préparent le dîner.

masculin

un anniversaire	*birthday*
un après-midi	*afternoon*
un jardin	*garden*
les parents	*parents*
un supermarché	*supermarket*

féminin

une composition	*composition*
une personne	*person*

verbes

adorer	*to adore, to love*
détester	*to detest, to hate*
habiter	*to live in, at*

préposition

par	*by*

adjectifs

mon ⎫	ton ⎫	son ⎫
ma ⎬ *my*	ta ⎬ *your*	sa ⎬ *his/her*
mes ⎭	tes ⎭	ses ⎭

expressions

aimable	*nice, kind*
au téléphone	*on the telephone*
en ville	*in town, downtown*
moderne	*modern*
elle est pénible!	*she's a pain!*
sympathique	*nice, likeable*
toujours	*always*
beaucoup	*a lot*

BON ANNIVERSAIRE!

Roger parle avec Jacques.

1. C'est quand, l'anniversaire de Roger?
2. Il a quel âge?
3. C'est quand, l'anniversaire de Jacques?

LES ADJECTIFS POSSESSIFS

The noun that follows the possessive adjective determines its form.

noms singuliers

masculin	féminin
mon frère	ma soeur
ton frère	ta soeur
son frère	sa soeur

noms pluriels

masculin ou féminin

mes frères, mes soeurs
tes frères, tes soeurs
ses frères, ses soeurs

 Devant une voyelle:

ma + école ⟶ mon école
ta + amie ⟶ ton amie
sa + auto ⟶ son auto

 Repeat the possessive adjective before each noun in a series:

Elle adore son père, sa mère, et ses frères.

A Dans la salle de classe

Le professeur pose des questions!

le cahier

LE PROFESSEUR – Où est ton cahier?
LOUISE – Voilà mon cahier!

1. le crayon
2. le stylo
3. les livres
4. la chaise
5. les devoirs
6. le pupitre

B Voici mes photos!

Le professeur regarde les photos de Roger.

le frère

LE PROFESSEUR – C'est ton frère?
ROGER – Oui, c'est mon frère.

1. le père
2. la mère
3. les frères
4. les soeurs
5. la maison
6. le jardin
7. la piscin
8. les amis

C Chez les Dubé

L'amie de Roger pose des questions.

la voiture (Paul)

NICOLE – C'est la voiture de Paul?
ROGER – Oui, c'est sa voiture.

1. la moto (Paul)
2. la radio (Louise)
3. le cahier (Anne)
4. les livres (Paul)
5. les disques (Anne)
6. l'auto (M. Dubé)
7. la bicyclette (Louise)
8. les photos (Mme Dubé)

A Les Dubé: Choisis bien!

1. M. et Mme Dubé ont quatre (pères/enfants).
2. M. Dubé, le (mère/père), travaille dans un (bureau/pupitre).
3. Mme Dubé, la (mère/père), travaille dans un (supermarché/stade).
4. Anne et Louise, les (filles/garçons) ont deux (frères/soeurs).
5. Il y a six (personnes/enfants) dans la (classe/famille).
6. Il y a deux (garçons/monstres) et (deux/quatre) filles.

B Mini-dialogue: frères et soeurs

> ROGER – C'est ton stylo, Louise?
> LOUISE – Non, c'est le stylo de Paul.
> ANNE – Ce n'est pas son stylo. C'est mon stylo!
> ROGER – Tu es pénible!

1. cahier	3. disque	5. argent	7. billets
2. radio	4. livre	6. photo	8. bonbons

C Vocabulaire en images

1. Salut! Je m'appelle Anne Dubé. J'habite dans une moderne.

2. Il y a **6** personnes dans ma .

3. Mon travaille dans un 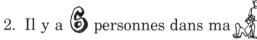 en  .

4. Ma  travaille dans un  .

5. Mon frère Roger a **14** ans. Il est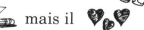

6. Il les mais il les

D Les substitutions

1. Nous habitons dans la rue Champlain. (ils, mon ami, je, Monique et Lucie)
2. J'aime mon père. (soeur, mère, frère, parents)
3. C'est ta bicyclette? (moto, disques, professeur, magnétophone, électrophone)
4. C'est le cahier de ton frère? (soeur, amie, professeur)
5. Voilà Roger et sa famille. (parents, père, mère, amis, ami)

E Mini-dialogue: Où est . . . ?

Mlle VINAY – Où est ton frère?
ROGER – Il est dans le salon avec ma soeur.
Mlle VINAY – Qu'est-ce qu'ils font?
ROGER – Ils étudient le français.

1. ami salon, frère écouter la radio	2. mère salle à manger, père manger le dessert
3. père cuisine, soeur préparer un goûter	4. soeur garage, amie regarder la voiture

F Mini-dialogue: C'est quand?

ANDRÉ – C'est quand, ton anniversaire?
        C'est en avril?
MARIE – Non, après.
ANDRÉ – C'est en juin?
MARIE – Non, avant!
ANDRÉ – Alors, c'est en mai?
MARIE – Oui, c'est ça!

1. janvier mars février	2. juillet septembre août	3. octobre décembre novembre

G Ils ont quel âge?

Roger a
1. quatorze ans.

2. Et Paul?

3. Et Anne?

4. Et Louise?

5. Et M. Dubé?

6. Et Mme Dubé?

H Adorer *ou* détester?

1. M. Moustache ses élèves!
2. Je les hamburgers!
3. Est-ce que tu les oignons?
4. Lulu les garçons!
5. Nous les tests!
6. Les filles les films!
7. Marc et Caroline la soupe!
8. Je l'été mais je l'hiver!

I Questions personnelles

1. Où est la télé chez toi?
2. Est-ce que tu as une radio dans ta chambre?
3. Où est le téléphone chez toi?
4. Est-ce qu'il y a une piscine dans ton école?
5. Où est-ce que tu étudies?
6. Est-ce que tu fais tes devoirs avant ou après le dîner?
7. Est-ce que ton professeur parle français?
8. Est-ce que tu aimes le français?
9. Tu as quel âge? C'est quand, ton anniversaire?
10. Est-ce que tu as des frères et des soeurs?

L'ANNIVERSAIRE DE ROGER DUBÉ

C'est le 10 mai. C'est l'anniversaire de Roger. Il a quatorze ans aujourd'hui.

A

Le facteur arrive chez les Dubé avec un paquet pour Roger. C'est un cadeau de ses grands-parents.

BONJOUR, ROGER ! J'AI UN PAQUET POUR TOI.

BONJOUR, MONSIEUR LE FACTEUR !

TU INVITES ANNE, N'EST-CE PAS ?

MAIS, MAMAN ! ELLE EST PÉNIBLE !

B

Roger prépare la liste des invités.

C

M. et Mme Dubé préparent
le gâteau d'anniversaire.

D

Roger a un problème.
Le tourne-disque ne marche
pas. Mais sa soeur Louise
a la solution.

E

Les amis arrivent chez
Roger.

G

Roger adore les posters!

F

Leur voisin, M. Labarbe,
n'aime pas la musique "pop".

H

Anne n'est pas toujours
pénible!

masculin

un cadeau	*gift, present*
un facteur	*mailman*
un gâteau d'anniversaire	*birthday cake*
les grands-parents	*grandparents*
un invité	*guest*
un paquet	*package, parcel*
un poster	*poster*
un problème	*problem*
un tourne-disque	*record player*
un voisin	*neighbour*

féminin

une bougie	*candle*
une liste	*list*
une solution	*solution*
une voisine	*neighbour*

verbes

apporter	*to bring*
arriver	*to arrive*
inviter	*to invite*
marcher	*to work, function*

adjectifs

notre		votre		leur	
nos	*our*	vos	*your*	leurs	*their*

expressions

bon anniversaire!	*happy birthday!*
bonne fête!	*happy birthday!*
merci de . . .	*thank you for . . .*
pas de problème!	*no problem!*
pour moi	*for me*
pour toi	*for you*

SAVIEZ-VOUS . . . ?

To write the plural of the following French nouns, add x:

singulier	pluriel
un gâteau	des gâteaux
un cadeau	des cadeaux
un bureau	des bureaux
un tableau	des tableaux

LES NOMBRES

soixante-dix

soixante-douze

soixante et onze

quatre-vingt-dix

quatre-vingt-deux

quatre-vingts

quatre-vingt-un

quatre-vingt-onze

cent

quatre-vingt-douze

LES ADJECTIFS POSSESSIF

noms singuliers

masculin et **féminin**

notre téléphone
notre auto

votre téléphone
votre auto

leur téléphone
leur auto

noms pluriels

masculin et **féminin**

nos téléphones
nos autos

vos téléphones
vos autos

leurs téléphones
leurs autos

 **Liaison!**

nos enfants, vos élèves, leurs auto

A Anne et Roger répondent

Mlle Vinay visite les Dubé.

père/en ville

Mlle VINAY – Où est votre père?
ANNE ET ROGER – Notre père est en ville!

1. mère/dans le supermarché
2. frère/à l'école
3. soeur/chez André

4. grand-père/dans la bibliothèque
5. grand-mère/chez une amie
6. voisin/dans le jardin

B La classe de français

Jeanne et Guy ne sont pas préparés!

cahiers

LE PROFESSEUR – Où sont vos cahiers?
JEANNE ET GUY – Nos cahiers sont chez nous!

1. livres
2. stylos
3. crayons
4. devoirs
5. tests
6. compositions

C Après les classes

Yves and Henri visit a neighbouring school.

directeur/dans son bureau

YVES – Où est leur directeur?
HENRI – Il est dans son bureau.

1. autobus/dans la rue
2. amis/devant l'école
3. équipe/dans le gymnase

4. bicyclettes/derrière l'école
5. professeur/dans sa voiture
6. devoirs/dans la salle de classe

A L'équipe de football

C'est toi l'annonceur! Lis la liste des joueurs et leurs numéros.

NOM	NUMÉRO
ANDRÉ MARCHAND	88
SIMON SIMARD	75
ROBERT FORTIER	80
PAUL LAFLEUR	43
DAVID PAYETTE	71
CLAUDE VACHON	94
HENRI TREMBLAY	77
DANIEL LAROCQUE	90
ALBERT MARTIN	85
JACQUES PRIDEAU	99
MARCEL LARONDE	82
JULIEN PERRAULT	70
MICHEL BÉLIVEAU	96

B Les substitutions

1. Zut! Ma radio ne marche pas! (tourne-disque, télé, bicyclette, magnétophone, moto)
2. C'est votre auto, n'est-ce pas? (livre, stylo, cahiers, enfants, devoirs)
3. Voilà les enfants et leur père. (mère, parents, soeur, amis)
4. Ce n'est pas notre moto! (disques, maison, professeur, amies, auto)

C C'est mon anniversaire!

1. Ma soeur Anne apporte des  .

2. Mon frère Paul apporte de la  .

3. Ma soeur Louise prépare des  .

4. Mes parents préparent un avec 14 .

5. Il y a aussi de l' et du .

D Les Lariche arrivent

1. Voilà leur voiture.

E Mini-dialogue: C'est votre auto?

A – C'est votre auto?
B – Non, ce n'est pas notre auto. C'est leur auto!

1. moto
2. enfants
3. argent

4. paquet
5. amis
6. professeur
7. équipe

8. maison
9. parents
10. livres

F C'est combien?

CAFÉ

PLAT DU JOUR

$6.75

PRIX SPÉCIAL

OUVERT

$19.76

$75.99

$5.87

$7.98

ROC LE ROC!

$49.98

LA MUSIQUE "POP"

$18.15

G Choisis bien!

1. Quand est-ce que vos parents arrivent?

   a) Ses parents arrivent demain.
   b) Nos parents arrivent demain.
   c) Tes parents arrivent demain.

2. Est-ce que ta moto marche?

   a) Non, ta moto ne marche pas.
   b) Oui, sa moto marche.
   c) Non, ma moto ne marche pas.

3. Est-ce que c'est votre frère?

   a) Oui, c'est notre frère.
   b) Oui, c'est leur frère.
   c) Oui, c'est votre frère.

4. C'est les enfants des Gagnon?

   a) Non, c'est leur enfant.
   b) Oui, c'est leurs enfants.
   c) Oui, c'est mes enfants.

73

In this unit you have learned:

- *how to use the verb* faire *(to do, to make);*
- *how to use an adjective to indicate possession;*
- *how to ask what people are doing;*

- *how to name various school subjects;*
- *how to name the members of the family;*
- *how to ask someone's age and tell your own age;*
- *how to count from 70 to 100.*

A Faire: Quelle forme?

1. David! Henri! Qu'est-ce que vous . . . ?
2. Les enfants . . . de l'argent.
3. Papa . . . des frites dans la cuisine.
4. Qu'est-ce qu'ils . . . ici?
5. Nous . . . toujours nos devoirs.
6. Qu'est-ce que tu . . . , Alice?
7. Je . . . un gâteau pour la party de Jacques.

B Au singulier, S.V.P.!

mes compositions	leurs enfants	tes livres
tes frères	nos billets	leurs professeurs
ses soeurs	mes disques	vos garçons
ses stylos	ses amies	nos matchs
tes posters	vos autos	leurs films
nos voisins	mes crayons	vos tests

C Quel verbe? Quelle forme?

1. Zut! Mon tourne-disque ne (chanter/marcher) pas!
2. Brigitte et son amie Fifi (nager/être) à Paris.
3. Mais bien sûr, je (étudier/apporter) le français!
4. Nous (manger/habiter) une maison moderne dans la rue Lévis.
5. Tu (être/avoir) quel âge?

D Comment dit-on en français . . . ?   Cherchez dans la liste!

1. *our parents*
2. *her teacher*
3. *his bike*
4. *my father*
5. *their records*
6. *your house*
7. *our family*
8. *my homework*
9. *her sister*
10. *our mailman*
11. *his brother*
12. *your composition*
13. *their neighbour*
14. *his mother*

votre maison	leur voisin
sa mère	notre famille
mes devoirs	mon père
son frère	son professeur
sa bicyclette	ta composition
sa soeur	nos parents
leurs disques	notre facteur

E Associations

Which school subjects come to mind?

1. Beethoven
2. 2 + 4 = 6
3. une composition
4. un artiste
5. le gymnase
6. Einstein
7. M. Moustache
8. Napoléon

F Quel âge?

a) Complétez avec le verbe *avoir*.

1. Tu . . . quel âge?
2. J' . . . treize ans.
3. René . . . douze ans.
4. Maman . . . trente-cinq ans.
5. Vous . . . quel âge?
6. Jean et Pierre . . . seize ans.

b) *Tell a classmate how old you are and give the ages of the other members of your family.*

exemple: J'ai . . . ans.   Mon frère Georges a . . . ans.

G Faites une paire!

Pair up related words from each list.   exemple: paquet → facteur

liste A			**liste B**		
paquet	baseball	tour Eiffel	facteur	famille	sport
gâteau	eau	disque	école	piscine	Paris
test	enfants	directeur	musique	maison	cinéma
composition	film	salon	devoirs	dessert	étudier

H Lisez les numéros de téléphone français.

a) 60.75.88   b) 19.92.71   c) 25.80.79   d) 72.96.85   e) 77.83.90   f) 13.97.86

I Inventez des phrases complètes!

Complete the following in as many ways as you can.

1. J'adore . . .
2. Je déteste . . .
3. Je mange . . .
4. J'étudie . . .
5. Après les classes, je . . .
6. Mon professeur . . .
7. Dans notre école il y a . . .
8. J'aime l'émission . . .
9. Je n'ai pas . . .

J Questions personnelles

a) *Ask a classmate the questions below.* b) *How would you answer the questions?*

1. Qu'est-ce que tu étudies à l'école?
2. Où est-ce que tu fais les devoirs chez toi?
3. Est-ce que tu aimes les sports?
4. Où est-ce que tu habites?
5. Est-ce que tu as une bicyclette?
6. Tu as quel âge?
7. C'est quand, ton anniversaire?
8. Est-ce que tu as des frères et des soeurs?

UN FILM D'HORREUR

Robert et Élisabeth regardent un film d'horreur. Élisabeth tremble. Il est minuit dans un château en Transylvanie!

3 Le terrible comte Dracula menace une jeune fille . . .

Élisabeth crie . . . La victime tombe sur le plancher . . .

Élisabeth pleure . . . Enfin un agent de police tue Dracula

6 . . . Élisabeth ne regarde pas.

Après le film, Robert demande à Élisabeth: "Tu viens chez moi? Il y a *Le Monstre de la planète X* à la télé."

9 Élisabeth répond: "Volontiers! J'adore les films d'horreur!"

Vocabulaire

un agent de police	*policeman*
un château	*castle*
un comte	*Count*
minuit	*midnight*
le plancher	*floor*
crier	*to cry out*
demander (à)	*to ask*
menacer	*to threaten*
pleurer	*to cry*
répondre	*to reply, to answer*
tomber	*to fall*
tuer	*to kill*
tu viens?	*are you coming?*
volontiers!	*gladly!*

A Vrai ou faux?

1. Le comte Dracula est de Montréal.
2. Robert et Élisabeth regardent un match de tennis.
3. Dans le film, Dracula menace son frère.
4. Élisabeth tremble et pleure.
5. Après le film, Élisabeth va chez Robert.

B Questions

1. Où est-ce que le comte Dracula habite?
2. Où est-ce que la victime tombe?
3. Qui tue Dracula?
4. Qu'est-ce qu'il y a à la télé après le film?
5. Est-ce qu'Élisabeth déteste les films d'horreur?

C Questions personnelles

1. Est-ce que tu aimes les films d'horreur?
2. Est-ce que tu aimes les westerns? les comédies? les policiers? les aventures? les mystères?
3. C'est combien, un billet de cinéma?

D Vive la différence!

français	anglais
horr*eur*	horr*or*
projecteur	?
docteur	?
moteur	?
navigateur	?
spectateur	?
visiteur	?

E L'explosion des mots!

La journée

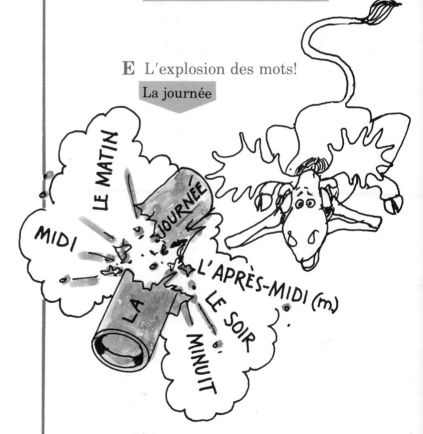

LE MATIN
MIDI
LA JOURNÉE
L'APRÈS-MIDI (m.)
LE SOIR
MINUIT

77

LA VILLE D'OTTAWA

Did you know . . .

> . . . that Ottawa is a bilingual city?
> . . . that Ottawa is situated at the junction of three rivers: the Gatineau, the Ottawa and the Rideau?
> . . . that in the House of Commons and the Senate, all speeches are translated by interpreters into English or French?
> . . . that Ottawa is the headquarters of the Canadian Broadcasting Corporation? There are more than 200 French-language radio and television stations from coast to coast in Canada.

UNITÉ TROIS

In this unit you will learn:

how to use the preposition *à* with a noun;

how to use *à* with certain verbs;

how to use the verb *aller* (to go);

how to ask where someone is going;

how to say where you are going.

LES VACANCES DE GISÈLE ROUSSEAU

A À la maison

C'est le 3 juillet. Gisèle quitte la maison pour l'aéroport.
Elle voyage à Ottawa. Elle visite ses grands-parents.

B À l'aéroport

Gisèle arrive à l'aéroport en taxi. Elle regarde son billet.
C'est le vol numéro 52. À la porte 25 elle donne son billet à
l'agent.

C Dans l'avion

Gisèle montre son billet à l'hôtesse. L'hôtesse dit bonjour aux passagers. Gisèle trouve sa place.

D Pendant le vol

À côté de Gisèle il y a un garçon. Elle parle au garçon.

ALORS, GISÈLE, VOICI MON NUMÉRO DE TÉLÉPHONE.

FORMIDABLE! MERCI BEAUCOUP!

À DEMAIN!

À DEMAIN!

E Devant l'aéroport

Guy donne son numéro de téléphone
à son amie Gisèle. Ils font des projets
pour un tour de la ville ensemble.

VOCABULAIRE

masculin

un agent	*agent, official*
un aéroport	*airport*
un avion	*airplane*
un passager	*passenger*
des projets	*plans*
un taxi	*taxi*
un tour	*tour, visit*
un vol	*flight*
un voyage	*trip*

féminin

une hôtesse	*stewardess*
une place	*seat*
une porte	*door, "gate"*
les vacances	*holidays*
une ville	*city*

verbes

donner	*to give*
montrer	*to show*
quitter	*to leave*
retourner	*to return, to go back*
trouver	*to find*
voyager	*to travel*

prépositions

à	*to; in; at*
à côté de	*beside*
pendant	*during*

expressions

à demain!	*see you tomorrow!*
elle dit bonjour	*she says hello*
ensemble	*together*
en taxi	*by taxi*
premier	*first*

LA PRÉPOSITION À

1. Le professeur parle aux élèves.

2. Les élèves donnent un cadeau au professeur.

3. M. Moustache montre son billet à l'agent.

LA PRÉPOSITION À *(to; in; at)*

a) with proper names

L'élève parle à M. Moustache.
Paul donne un livre à Marianne.
Elle montre ses photos à Pierre et à René.
Mme Dubé parle à Roger et à Anne.
L'avion arrive à Ottawa.

b) with nouns

L'élève parle au professeur.
L'avion arrive à l'aéroport.
Paul donne un livre à la jeune fille.
Elle montre ses photos aux garçons.
Elle parle à ses enfants.

The following combinations result when à precedes le or les.

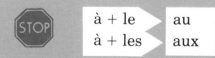

à + le ⟩ au
à + les ⟩ aux

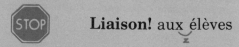

Liaison! aux élèves

83

A Pendant le voyage
Qui parle à qui?

> Gisèle (le garçon) ▶ Gisèle parle au garçon.

1. Guy (la jeune fille)
2. M. Moustache (les élèves)
3. L'hôtesse (le passager)
4. Mlle Vinay (le voisin)

5. Les passagers (l'hôtesse)
6. M. Lamoureux (la voisine)
7. Mme Laval (les touristes)
8. Les parents (l'enfant)

B Où sont les amis?
Les amis de Georges ne sont pas à la maison.
Maman pose des questions.

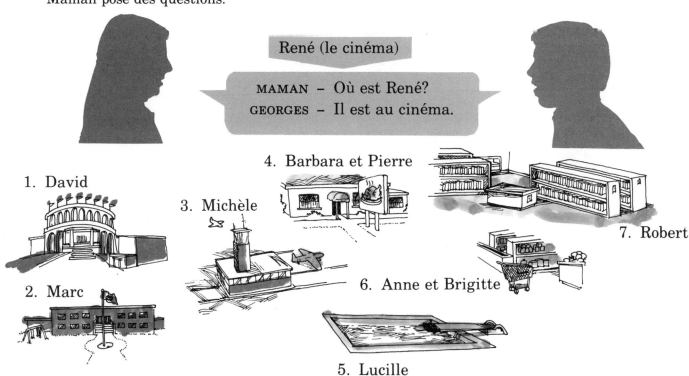

René (le cinéma)

MAMAN – Où est René?
GEORGES – Il est au cinéma.

1. David

2. Marc

3. Michèle

4. Barbara et Pierre

5. Lucille

6. Anne et Brigitte

7. Robert

A Les vacances de Gisèle Rousseau

1. Qu'est-ce que Gisèle fait le 3 juillet?
2. Où est-ce qu'elle voyage?
3. Où est-ce que ses grands-parents habitent?
4. Comment est-ce qu'elle voyage à l'aéroport?
5. Quel est le numéro du vol?
6. Où habite Guy Cloutier?
7. Qu'est-ce que Guy donne à Gisèle?

B Vocabulaire en images

1. [image] donne [billet AIR CANADA] à Gisèle.

2. Gisèle arrive à [avion] dans [taxi].

3. [image] dit bonjour aux [passagers].

4. Elle [image] à Gisèle.

5. [avion] à [édifice].

C Les substitutions

1. M. Fortin parle au professeur. (facteur, enfant, parents, directrice)
2. Le facteur donne un paquet à l'enfant. (père, mère, jeune fille, garçon)
3. Marcel montre ses photos à la famille. (parents, amis, professeur, élève)
4. L'hôtesse parle aux passagers. (agent, jeune fille, enfants, touristes, capitaine)

D Mini-dialogue:

Où est . . . ?

Où est Jean?

Il est au bureau.

Qu'est-ce qu'il fait?

Il parle à la directrice.

1. maman
   école
   professeur

2. papa
   aéroport
   agent de billets

3. M. Moustache
   restaurant
   élèves

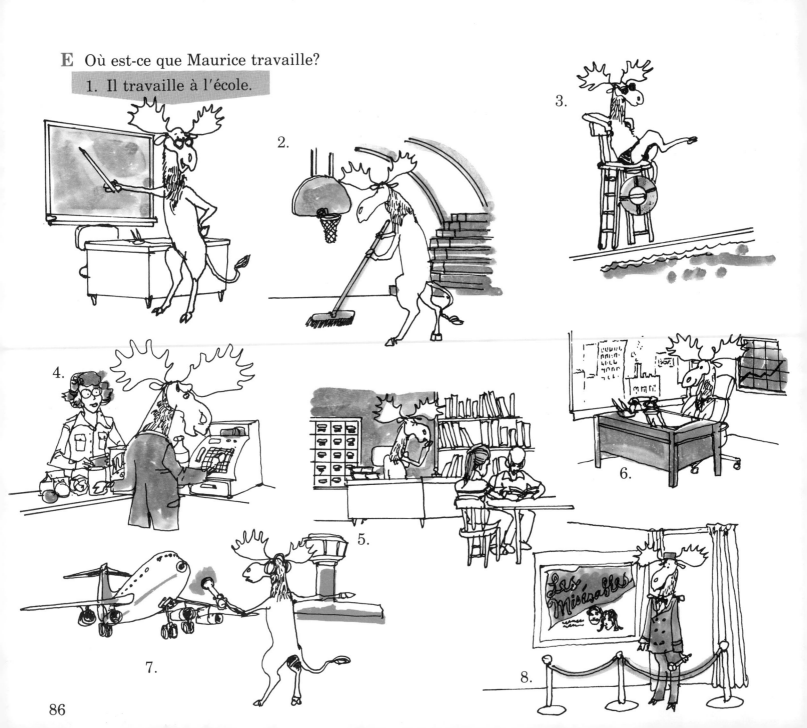

E Où est-ce que Maurice travaille?

1. Il travaille à l'école.

2.

3.

4.

5.

6.

7.

8.

F Mini-dialogue: Au téléphone

    A – Allô!
    B – Allô! C'est Jean.
        Est-ce que Marcel est là?
    A – Non, il n'est pas là.
        Il est à l'aéroport.

1. Daniel
   école

2. Thérèse
   cinéma

3. Jacques et Pierre
   stade

4. Lise et Anne
   bibliothèque

G Lisez au pluriel, puis mettez au singulier

1. Les professeurs donnent des tests
   aux élèves.
2. Les hôtesses montrent des places
   aux passagers.
3. Les garçons montrent des photos
   aux jeunes filles.
4. Les enfants donnent des posters
   aux amis.
5. Nous donnons des paquets aux
   voisines.
6. Vous montrez les motos aux voisins.
7. Nous montrons des restaurants
   aux touristes.
8. Les garçons donnent des repas
   aux enfants.

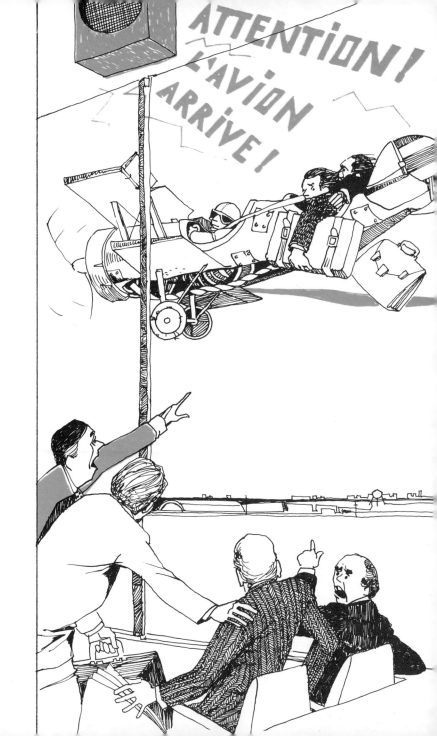

UNE VISITE À OTTAWA

A Les préparations

C'est samedi matin. Après le petit déjeuner, Gisèle téléphone à Guy.

GUY – Allô!

GISÈLE – Salut, Guy! C'est Gisèle!

GUY – Salut, Gisèle! Comment ça va?

GISÈLE – Très bien, merci! Alors, où est-ce que nous allons aujourd'hui?

GUY – Au Château Laurier, aux bâtiments du Parlement et à la tour de la Paix.

GISÈLE – Bon! Allons-y!

GUY – J'ai ton adresse. J'arrive tout de suite!

B La visite

Les deux amis quittent la maison. Il fait très beau. Alors, ils vont à pied. Ils arrivent aux bâtiments du Parlement. Ils visitent les bâtiments avec un groupe de touristes. Puis, ils vont au Château Laurier.

Après le déjeuner, Gisèle et Guy visitent le centre d'achats.
Il y a une banque, des magasins et un cinéma.

masculin

les bâtiments du Parlement	*the Parliament Buildings*
un centre d'achats	*shopping centre*
un groupe	*group*
un magasin	*store*

féminin

une adresse	*address*
une banque	*bank*
les préparations	*preparations*
une promenade	*walk*
la tour de la Paix	*the Peace Tower*

verbes

aller	*to go*
téléphoner (à)	*to telephone*

expressions

à pied	*on foot*
comique	*funny*
puis	*next, then*
souvent	*often*

EN ROUTE!

Maurice voyage . . .

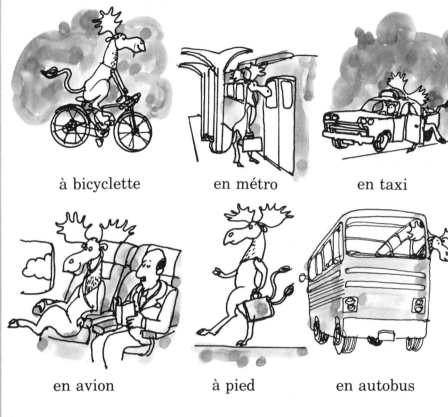

à bicyclette en métro en taxi

en avion à pied en autobus

en bateau en train en voiture

93

LE VERBE *ALLER (to go)*

singulier	pluriel
je vais	nous allons
tu vas	vous allez
il va	ils vont
elle va	elles vont

A Bon voyage!
C'est les vacances d'été.
Où est-ce qu'ils vont?

Charles/Halifax ▶ Charles va à Halifax.

1. André/Montréal
2. Alice/Toronto
3. Pierre et Guy/Calgary
4. les Tremblay/Regina
5. Anne et Louise/Québec
6. Mlle Dubé/Edmonton
7. Mme Martin/Vancouver
8. M. Bernard/Winnipeg
9. les élèves/Paris
10. tu/Ottawa

B Le week-end

C'est samedi. Roger parle à ses amis.

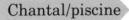

ROGER – Où est-ce que tu vas?

CHANTAL – Je vais à la piscine!

1. André

2. Lise

3. David

4. Denise

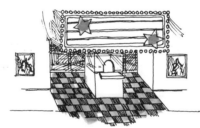

5. Anne et Guy

6. Louise et Michèle

7. Jean et Luc

8. Henri et Marie

A La visite à Ottawa

1. Quand est-ce que Gisèle téléphone à Guy?
2. Où est-ce qu'ils vont?
3. Comment est-ce qu'ils vont en ville?
4. Qu'est-ce qu'ils font après le déjeuner?
5. Qu'est-ce qu'il y a au centre d'achats?
6. *Les Aventures de Maurice,* qu'est-ce que c'est?

B Les activités de Gisèle

Où est-ce qu'elle va?

1. Elle va au stade.

2. Alors, . . .

3. Puis, . . .

4. Après, . . .

5. Enfin, . . .

C   Mini-dialogue: Je vais avec Gisèle

> MAMAN – Alors, tu ne vas pas au match?
> GUY – Non, je vais à la party avec Gisèle.
> MAMAN – Vous allez à pied?
> GUY – Non, nous allons en voiture!

1. restaurant
   cinéma
   en taxi

2. party
   bibliothèque
   en autobus

3. supermarché
   piscine
   en métro

4. banque
   centre d'achats
   à bicyclette

D   Les substitutions

1. Ils vont au cinéma. (je, Pierre, nous, vous, Jean et Alice)
2. Pardon! Où est la banque, s'il vous plaît? (bibliothèque, garage, cinéma, hôtel)
3. Aujourd'hui, je vais au cinéma. (demain, lundi, samedi, vendredi)
4. Tu vas souvent au stade? (cinéma, bibliothèque, restaurant, piscine)
5. Nous allons à la piscine. (gymnase, bureau, cafétéria, salle de classe)

E C'est dommage!

1. Je n'ai pas d'argent.

Alors, je ne vais pas au cinéma.

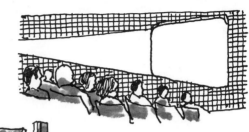

2. Papa est malade. Alors, il . . .

3. J'ai un test demain. Alors, je. . . .

4. Il pleut. Alors, les enfants . . .

5. Vous n'avez pas faim. Alors, vous . . .

6. Notre voiture ne marche pas. Alors, nous . . .

7. Tu as des devoirs. Alors, tu . . .

F Mini-dialogue:
Qu'est-ce que tu fais samedi?

   A – Qu'est-ce que tu fais samedi?
   B – Je vais au cinéma.
   A – Est-ce que ton frère va aussi?
   B – Non, il fait ses devoirs.

1. bibliothèque
   soeur

2. centre d'achats
   amis

3. match de baseball
   amie

4. restaurant
   frères

G Questions personnelles

1. Qu'est-ce que tu fais samedi soir?
2. Tu vas souvent au cinéma?
3. Est-ce que tu aimes les films comiques?
4. Tu vas chez toi ou tu restes à l'école pour le déjeuner?
5. Comment est-ce que tu vas à l'école?
6. Tu habites dans une maison ou dans un appartement?
7. Est-ce que tu voyages pendant les vacances?
8. Quel est ton sport favori?
9. Tu vas souvent en ville? Comment?
10. Est-ce que tu manges souvent au restaurant?

EN ROUTE !

In this unit you have learned:

- *how to use the preposition* à *with a noun;*
- *how to use* à *with certain verbs;*
- *how to use the verb* aller *(to go);*
- *how to ask where someone is going;*
- *how to say where you are going.*

A Les associations

Where would you see the following?

exemple: un film → au cinéma

1. un match	3. des livres	5. des repas	7. un film
2. un avion	4. une directrice	6. une famille	8. de l'argent

B Complétez avec le verbe *aller*.

RENÉE – Salut! Comment ça . . . ?
CLAUDE – Ça . . . bien, merci.
RENÉE – Où est-ce que tu . . . maintenant?
CLAUDE – Je . . . au match de football.
RENÉE – Est-ce que Lise et Michel . . . au match aussi?
CLAUDE – Oui. Nous . . . au match tout de suite.
RENÉE – Où est-ce que vous . . . après le match?
CLAUDE – Au restaurant.
RENÉE – Formidable! . . . -y!

C Complétez les phrases avec *au, à la, à l'* ou *aux*.

1. M. Moustache donne un test . . . élèves.
2. Quand est-ce que ton ami arrive . . . aéroport?
3. L'hôtesse parle . . . touriste.
4. Je fais mes devoirs . . . maison et . . . école.
5. Est-ce que nous allons . . . cinéma ou . . . match?

D Mettez au pluriel!

1. Elle montre sa photo.
2. Je voyage à Montréal.
3. Est-ce que tu parles français?
4. Mon amie arrive vendredi.
5. Tu aimes le disque?

E Mettez au singulier.

1. Ils ne vont pas aux matchs.
2. Nous aimons nos parents.
3. Nous n'allons pas chez Jean.
4. Elles invitent leurs amies.
5. Où est-ce que vous allez?

F Complète les phrases! Choisis bien!

1. Nos enfants (mangent/font/chantent) leurs devoirs ce soir.
2. Il y a des (pommes/stylos/verres) dans le frigo.
3. Je n'ai pas de billet. Alors, je ne vais pas au (bureau/ cinéma/supermarché).
4. L'agent donne des (pizzas/avions/billets) aux passagers.
5. Les enfants mangent dans la (cuisine/piscine/télé).

G Lisez au pluriel, puis mettez au singulier.

1. aux enfants
2. aux amis
3. aux professeurs
4. aux garçons
5. aux touristes
6. aux élèves
7. aux familles
8. aux jeunes filles
9. aux agents

H L'élimination des mots

1. tourne-disque, stylo, disque, musique
2. magasin, centre d'achats, test, restaurant
3. aéroport, capitaine, hôtesse, directeur
4. goûter, déjeuner, dîner, devoirs
5. maison, salon, cuisine, gymnase
6. anniversaire, jardin, âge, date
7. père, frère, amie, mère
8. eau, pomme, lait, vin

I Choisis les bonnes réponses de la liste B.

liste A

1. Tu vas en ville?
2. Où est-ce que vous allez?
3. Où est le match?
4. Qui parle avec l'hôtesse?
5. Où est-ce qu'il va?

liste B

Au stade.
C'est le capitaine.
Oui, je vais au cinéma.
Il va à Paris.
Nous allons au magasin.

J En français, s'il vous plaît!

1. *I'll be over right away!*
2. *Where's the bathroom?*
3. *There's a comedy at the movie theatre.*
4. *I don't have any money.*
5. *My radio doesn't work.*
6. *Are you going downtown by bus?*

Cherchez dans la liste!

Où est la salle de bains?
Je n'ai pas d'argent.
J'arrive tout de suite!
Il y a un film comique au cinéma.
Vous allez en ville en autobus?
Ma radio ne marche pas.

UN MATCH DE HOCKEY

C'est l'hiver. Il fait froid et il neige. Alain Marceau va
à l'arène. Ce soir, il joue au hockey. C'est pour le championnat
3   et il est très nerveux. Mais Alain est un bon athlète: il
joue au hockey, il nage et il fait du ski.

     Maintenant le match commence. Alain porte le numéro
6   douze. Ses parents et son amie Micheline sont là. Soudain,
il marque un but. Les spectateurs crient: "Bravo!"

     L'équipe d'Alain gagne. Après le match Micheline
9   embrasse Alain. Quelle victoire!

Vocabulaire

un but	*goal*
un championnat	*championship*
crier	*to cry out, to shout*
embrasser	*to kiss*
gagner	*to win*
jouer (à)	*to play (sports)*
marquer	*to score*
porter	*to wear*
soudain	*suddenly*

A Vrai ou faux?

1. L'équipe d'Alain ne gagne pas.
2. Alain porte le numéro deux.
3. C'est le printemps.
4. Il fait chaud et il pleut.
5. Les spectateurs crient: "Imbécile!"
6. Alain est un bon athlète.

B Questions

1. Pourquoi est-ce que le match est important?
2. Où sont les parents d'Alain?
3. Qui est Micheline?
4. Qu'est-ce qu'Alain fait dans le match?
5. Qu'est-ce que Micheline fait après le match?

C Questions personnelles

1. Est-ce que tu joues dans une équipe de hockey?
2. Est-ce que tu aimes les sports?
3. Est-ce que tu es un bon athlète?
4. Est-ce que tu regardes les matchs de hockey à la télé?

D Vive la différence!

français	anglais
victoire	*victory*
histoire	?
laboratoire	?
gloire	?
territoire	?
mémoire	?

E L'explosion des mots!

A Devinettes: Qui suis-je?

1. Je donne des devoirs aux élèves.
2. J'étudie dans la bibliothèque.
3. J'apporte des lettres chez vous.
4. Je travaille dans un avion.
5. Je parle à la radio ou à la télé.
6. Je travaille dans un restaurant.

B Catégories

Donnez des exemples.

> exemple: un sport ——→ le baseball

1. un fruit
2. une voiture
3. un repas
4. un numéro
5. une matière à l'école
6. un sport
7. un dessert
8. une ville
9. un jour
10. un mois

C Qu'est-ce qu'il y a dans le salon?

1. Il y a une chaise.

D Quel temps fait-il chez toi . . . ?

1. . . . en hiver?
2. . . . en été?
3. . . . en automne?
4. . . . au printemps?
5. . . . en janvier?
6. . . . en juillet?
7. . . . en octobre?
8. . . . en mai?
9. . . . en mars?
10. . . . aujourd'hui

E Vivent les pronoms!

il, ils, elle *ou* elles?

1. Le professeur va à l'école.
2. Est-ce que le facteur est là?
3. La directrice n'est pas dans le bureau.
4. La télé ne marche pas.
5. Le cyclomoteur est dans le garage.
6. Les hôtesses sont dans l'avion.
7. L'amie de Guy chante bien.
8. Est-ce que les photos sont chez toi?
9. Les parents de Jean font du sport.
10. Vos amis sont dans le salon!

F Le journal d'Anne-Marie

Give the dates of the next seven pages of Anne-Marie's diary.

lundi, le 30 mai

G J'adore les verbes!

a) Donnez la forme correcte du verbe.
b) Faites une phrase négative.

1. Monique et Claire (préparer) le dîner.
2. Le frère de Guy (étudier) le français.
3. Vous (regarder) le match à la télé?
4. M. et Mme Gagnon (travailler) dans le jardin.
5. Nous (manger) chez nous.
6. Maurice (être) malade aujourd'hui!
7. Je (écouter) la radio dans ma chambre.
8. Est-ce que vous (aller) au cinéma ce soir?
9. Nous (aller) chez nos voisins demain soir.
10. Les enfants (quitter) la maison pour l'école.

H Voilà les articles!

A un, une, des, le, l', la *ou* les?

1. Voilà . . . mère de Roger.
2. Il y a . . . party ce soir.
3. Voici . . . auto de M. Martin.
4. J'aime . . . français.
5. Ils ont . . . professeur formidable!
6. Paul étudie . . . sciences.
7. J'ai . . . biscuits pour toi!
8. Nous avons . . . garçons et . . . jeune fille.

B de l', de la *ou* du?

1. Il y a . . . orangeade dans le frigo.
2. Nous avons . . . soupe aujourd'hui.
3. M. Dubois donne . . . argent à Henri.
4. Il y a . . . lait dans mon thé!
5. Il y a . . . poulet pour mon sandwich?

C Faites des phrases négatives! (partie B)

I Quel verbe? Quelle forme?

avoir, être, faire *ou* aller?

1. – Qu'est-ce que tu . . . à l'école?
   – Je . . . du sport.
2. – Où est-ce que vous . . . ?
   – Je . . . au supermarché.
3. – Elle . . . quel âge?
   – Elle . . . treize ans.
4. – Il . . . froid aujourd'hui!
   – Bien sûr! C' . . . l'hiver!
5. – Ils . . . de Calgary?
   – Non, ils . . . d'Edmonton.
6. – Qui . . . -ce?
   – C' . . . mon ami, Michel.
7. – Qu'est-ce qu'ils . . . ?
   – Ils . . . leurs devoirs.
8. – Qui . . . de l'argent?
   – Moi, j' . . . de l'argent!
9. – Où est-ce que nous . . . ce soir?
   – Nous . . . au cinéma.
10. – J' . . . faim! Tu . . . des biscuits?
    – Oui. Ils . . . dans la cuisine.

J La possession

de, du, de l', de la *ou* des?

1. Voici une photo . . . équipe de football.
2. La maison . . . famille Dubé est au 25, rue Saint-Denis.
3. Où est la salle . . . professeurs?
4. La voiture . . . Mme Dubois est dans le garage.
5. La jeune fille regarde la moto . . . garçon.
6. Voilà le bureau . . . mon père.

K La préposition *à*

à, au, à la, à l' *ou* aux?

1. Les Duclos arrivent . . . aéroport.
2. Le professeur montre les cahiers . . . directrice.
3. Il fait très beau . . . Vancouver.
4. L'hôtesse dit bonjour . . . passagers.
5. Maman parle . . . facteur.
6. Il pleut souvent . . . printemps.

L Mettez à la forme négative!

1. Les enfants écoutent leur papa.
2. Marie donne un sandwich à son frère.
3. C'est une voiture de sport.
4. Il y a un stade derrière l'école.
5. Il fait des devoirs.
6. J'ai des amis à l'école.
7. Il y a un film à la télé.
8. Nous avons de la soupe aujourd'hui.
9. C'est une photo de mon frère.
10. Il y a du fromage sur la table.

M Au contraire!

Match the expressions that are the most opposite in meaning.

1. bonjour	l'hiver
2. ça va bien	détester
3. ce matin	mauvais
4. aimer	avant
5. sur	ça ne va pas bien
6. devant	ce soir
7. froid	au revoir
8. l'été	sous
9. beau	chaud
10. après	derrière

N Complétez les questions, S.V.P!

1. – . . . est-ce que tu habites?
   – À Montréal.
2. – . . . est-ce que nous allons au match?
   – Vendredi soir.
3. – . . . est-ce que Robert n'est pas ici?
   – Il est malade.
4. – . . . a des billets pour le concert?
   – Anne-Marie!
5. – . . . est-ce qu'il y a dans la bouteille?
   – Du vin.
6. – C'est . . . , un kilo de fromage?
   – Trois dollars.

O Prononcez bien!

Which sound is common to the words in each example?

1. adorer, match, papa, famille
2. allez, travailler, école, Tremblay
3. verre, est, capitaine, très, maison
4. devoirs, de, retard, vendredi
5. rue, pupitre, voiture, lune, sur
6. auto, photo, hôtesse, bureau, cadeau
7. pomme, porte, école, sport
8. sous, tour, vous, goûter
9. habiter, visiter, dîner, film
10. soeur, facteur, professeur, annonceur
11. bain, faim, inviter, train
12. montrer, bonjour, avion, sombre
13. chambre, dans, temps, décembre, banque

P Mettez au pluriel, S.V.P!

1. Son frère aime le poster.
2. Est-ce que tu écoutes ton professeur?
3. Je mange mon sandwich.
4. Elle n'est pas ici.
5. Est-ce que tu as un billet?

Q Mettez au singulier, S.V.P!

1. Les enfants visitent les magasins.
2. Est-ce que vous allez à Winnipeg?
3. Où sont vos cahiers?
4. Nous écoutons nos disques.
5. Les garçons montrent des photos à leurs amis.

R Qu'est-ce qu'il y a dans la cuisine?

> exemples: coca ⟶ Il y a du coca.
> rosbif ⟶ Il n'y a pas de rosbif.

1. lait
2. fromage
3. soupe
4. bonbons
5. gâteau
6. pommes
7. frites
8. café
9. thé
10. pain
11. vin
12. biscuits
13. poulet
14. glace
15. orangeade

S Complétez les dialogues, S.V.P!

1. Pierre est dans un restaurant français. Il a faim!

   PIERRE – . . .!

   GARÇON – Oui, monsieur?

   PIERRE – . . .

   GARÇON – Tout de suite, monsieur.

2. Paul fait une amie.

   SYLVIE – . . .?

   PAUL – Oui, je parle français.

   SYLVIE – . . .?

   PAUL – Je m'appelle Paul. Et toi?

   SYLVIE – . . .
   Tu es d'ici?

   PAUL – . . .

3. Lise parle avec Jean au téléphone.

   LISE – . . .?

   JEAN – C'est Jean.

   LISE – . . .?

   JEAN – J'écoute la radio. Et toi?

   LISE – . . .

   JEAN – Qu'est-ce qu'il y a à la télé ce soir?

   LISE – . . .

   JEAN – Tu n'as pas de devoirs?

   LISE – . . .!

T Questions personnelles

1. Comment t'appelles-tu?
2. Dans quelle rue est-ce que tu habites?
3. Est-ce que tu habites dans une maison ou dans un appartement?
4. Quelle est ton adresse?
5. Quel est ton numéro de téléphone?
6. Tu as quel âge?
7. C'est quand, ton anniversaire?
8. Est-ce que tu as des frères et des soeurs?
9. Qu'est-ce que tu étudies à l'école?
10. Est-ce que tu fais des devoirs? Où?
11. Est-ce que tu aimes les sports? les films?
12. Quel est ton repas favori?

1 LES ADJECTIFS POSSESSIFS

singulier		pluriel
masculin	**féminin**	**masc. ou fém.**
mon père	ma mère	mes parents
ton père	ta mère	tes parents
son père	sa mère	ses parents
notre père	notre mère	nos parents
votre père	votre mère	vos parents
leur père	leur mère	leurs parents

 Devant une voyelle: mon école, son
ton auto, son amie

2 L'ARTICLE INDÉFINI

	singulier	pluriel
masculin	un cyclomoteur	des cyclomoteurs
féminin	une classe	des classes

3 L'ARTICLE DÉFINI

	singulier	pluriel
masculin	le disque	les disques
	l'élève	les élèves
féminin	la voiture	les voitures
	l'auto	les autos

4 L'ARTICLE PARTITIF

masculin	**féminin**
Voici du gâteau.	Voici de la glace.
Voici de l'argent.	Voici de l'eau.

5 LA NÉGATION

phrases affirmatives	**phrases négatives**
Je suis en retard.	Je ne suis pas en retard.
Paul est de Montréal.	Paul n'est pas de Montré:
Il fait sombre.	Il ne fait pas sombre.
C'est une Corvette.	Ce n'est pas une Corvett:
Je parle français.	Je ne parle pas français.
Il y a du gâteau.	Il n'y a pas de gâteau.
J'ai de l'argent.	Je n'ai pas d'argent.
Vous avez des enfants.	Vous n'avez pas d'enfant:
Il a une moto.	Il n'a pas de moto.
C'est du gâteau.	Ce n'est pas du gâteau.
C'est un restaurant!	Ce n'est pas un restaurar

 Put ne *before the verb and* pas *after.*

 Un, une, des, du, de la, *and* de l' *change to* de,
except with the verb être.

6 LA POSSESSION (la préposition *DE*)

A with proper names

Voilà le cyclomoteur de Marc.
C'est la maison de Lise.
C'est les enfants de M. Lafleur.
Est-ce que tu as le cahier d'Anne?

B with nouns

C'est le test du garçon.
Voici la mère de la jeune fille.
C'est les frères de l'enfant.
Voilà la cafétéria des professeurs.

7 LA PRÉPOSITION À

Je téléphone à Paul.
Il va au cinéma.
Mon père est au bureau.

Tu vas à la banque?
Ils arrivent à l'école.
Elle parle aux élèves.

 à + le ⟶ au
à + les ⟶ aux

8 LES PRONOMS

M. Lambert est de Montréal.
Marie a deux frères.
Où sont les élèves?
Lise et Claire sont d'ici.
Où est le cinéma?
Est-ce que la tour Eiffel est à Paris?
Les tests sont sur le pupitre.
Où sont les chaises?

Il est de Montréal.
Elle a deux frères.
Ils sont devant l'école.
Elles sont d'ici.
Il est dans la rue Verlaine.
Oui, elle est à Paris.

Ils sont sur le pupitre.
Elles sont dans la salle de classe.

Claire, Guy, Anne et Brigitte sont de Montréal.
Vous êtes de Paris, madame?
Jean et Marie, vous avez des livres?
Tu as une soeur?
Philippe et Pierre, vous êtes de Sorel?

Ils sont de Montréal.

Oui, je suis de Paris.
Oui, nous avons des livres.

Oui, j'ai une soeur.
Oui, nous sommes de Sorel.

9 LES QUESTIONS

A L'intonation

Tu es de Montréal? ↗

Qui est-ce? ↘

C'est une moto? ↗

Comment t'appelles-tu? ↘

B Est-ce que . . . ?

Est-ce que c'est la maison de Lise?
Est-ce qu'il a une moto?
Est-ce que Marie est chez toi?
Est-ce qu'il pleut?

10 LES VERBES

A avoir

singulier	pluriel
j'ai	nous avons
tu as	vous avez
il a	ils ont
elle a	elles ont

B être

singulier	pluriel
je suis	nous sommes
tu es	vous êtes
il est	ils sont
elle est	elles sont

C aller

singulier	pluriel
je vais	nous allons
tu vas	vous allez
il va	ils vont
elle va	elles vont

D faire

singulier	pluriel
je fais	nous faisons
tu fais	vous faites
il fait	ils font
elle fait	elles font

E parler

singulier	pluriel
je parle	nous parlons
tu parles	vous parlez
il parle	ils parlent
elle parle	elles parlent

F Les verbes en -er

adorer	marcher
aimer	montrer
apporter	préparer
arriver	quitter
chanter	regarder
détester	retourner
donner	téléphoner
écouter	travailler
étudier	trouver
habiter	visiter
inviter	voyager

manger   (nous mangeons)
nager   (nous nageons)

A

a: il a he has; **elle a** she has; **il y a** there is, there are
à to; at; in (a city); **à bicyclette** on (by) bicycle; **à bientôt!** see you soon! **à côté de** beside, next to; **à demain!** see you tomorrow! **à la maison** at home; **à la télé** on TV; **à pied** on foot
une **abréviation** abbreviation
un **accent** accent, mark; **accent aigu** (´); **accent circonflexe** (ˆ); **accent grave** (`)
une **activité** activity
un **adjectif** adjective; **adjectif possessif** possessive adjective
adorer to adore, to love
une **adresse** address
un **aéroport** airport
l'**âge** m. age; **tu as quel âge?** how old are you?
une **agence** agency; **agence de voyages** travel agency
un **agent** officer, agent; **agent de billets** ticket agent; **agent de police** policeman
ai: j'ai I have
aimable nice, kind
aimer to like
aller to go
allez: vous allez you are going
allô! hello! (on the phone)
allons: nous allons we are going; **allons-y!** let's go!
alors so, well then
l'**alphabet** m. alphabet
un **ami** friend (boy)
une **amie** friend (girl)
un **an** year; **j'ai quatorze ans** I am fourteen years old
l'**anglais** m. English (language)
un **anniversaire** birthday; **bon anniversaire!** happy birthday!
un **annonceur** announcer
août August
app.: appartement m. apartment
un **appartement** apartment
s'appeler to be called; **comment t'appelles-tu?/ comment vous appelez-vous?** what's your name? **je m'appelle . . .** my name is . . .
appétit: bon appétit! enjoy your meal! **quel appétit!** what an appetite!
apporter to bring
après after; **après les classes** after school
un **après-midi** afternoon
une **arène** arena
l'**argent** m. money
arriver to arrive
l'**art** m. art; **vive l'art moderne!** long live modern art!
un **article** article; **article défini** definite article; **article indéfini** indefinite article; **article partitif** partitive article
un **artiste** artist
as: tu as you have
assez enough
une **association** association
un **athlète** athlete
aujourd'hui today
au printemps in (the) spring
au revoir! good-bye!
aussi also, too; **moi aussi** me too
une **auto** car, automobile; **en auto** by car
un **autobus** bus; **en autobus** by bus
l'**automne** m. autumn, fall; **en automne** in (the) fall
une **autoroute** highway
au travail! (get) to work!
av.: avenue f. avenue
avant before
avec with
une **aventure** adventure
une **avenue** avenue
avez: vous avez you have
un **avion** airplane; **en avion** by plane
avoir to have; **avoir faim** to be hungry; **avoir soif** to be thirsty; **tu as quel âge?** how old are you? **j'ai quatorze ans** I am fourteen years old
avons: nous avons we have
avril April

B

le **badminton** badminton
une **banane** banana
une **banque** bank
le **base-ball** baseball (game)
le **basket-ball** basketball (game)
un **bateau (-x)** boat; **en bateau** by boat
un **bâtiment** building; **les bâtiments du Parlement** the Parliament Buildings
beau: il fait beau it's nice (weather)
beaucoup very much, a lot; **merci beaucoup** thank you very much
une **bibliothèque** library
une **bicyclette** bicycle; **à bicyclette** on (by) bicycle
bien well; **bien sûr!** of course! sure! **ça va bien** I'm fine, things are going well; **eh bien!** well then! **pas**

très bien not very well;

très bien very well; very good

bienvenue! welcome!

bienvenue à ...! welcome to ...!

un **bifteck** steak

un **bikini** bikini

un **billet** ticket; **agent de billets** ticket agent

un **biscuit** cookie

une **boisson** drink

bon, bonne good; right, correct; **bon anniversaire! bonne fête!** happy birthday! **bon appétit!** enjoy your meal! **bon voyage!** have a good trip! **la bonne réponse** the right answer

un **bonbon** candy

bonjour! hello!

une **bougie** candle

une **bouteille** bottle

bravo! bravo!

un **bureau (-x)** desk; office; **au bureau** at (to) the office

un **but** goal; **marquer un but** to score a goal

C

c' (see **ce**)

ça: c'est ça that's right; **(comment) ça va?** how are you? how's it going? **ça va** all right; **ça va bien** I'm fine; things are going well **comme ci, comme ça** so-so

un **cadeau (-x)** gift, present

le **café** coffee

une **cafétéria** cafeteria

un **cahier** notebook

une **camionnette** van, small truck

un **Canadien** a Canadian

un **canal** TV channel

un **capitaine** captain

un **casse-tête** puzzle

une **catégorie** category, group

ce (c') it, that; this; **c'est** it's, it is; **c'est ça** that's right; **c'est combien?** how much is that? how much are they? **c'est dommage!** that's too bad! **c'est faux!** it's (that's) wrong! **c'est quand?** when is it? **ce n'est pas vrai!** it's (that's) not true! **ce soir** this evening, tonight; **n'est-ce pas?** isn't it so? etc. **qui est-ce?** who is it?

la **cédille (ç)** cedilla

un **cent** cent

un **centre d'achats** shopping centre

une **chaise** chair

une **chambre** room; **chambre à coucher** bedroom

un **championnat** championship

changer to change

chanter to sing

chaque each

un **château (-x)** castle

chaud: il fait chaud it's hot (weather)

cher expensive

cherchez! look for! find!

chez: chez moi at (to) my house; **je vais chez moi** I'm going home

choisis bien! make the correct choice!

un **cinéma** movie theatre; **je vais au cinéma** I'm going to the movies

une **classe** class; **après les classes** after class, after school

le **coca** cola

combien? how much? how many? **c'est combien?** how much is that? how much are they? **combien font deux et deux?** how much are two and two?

une **comédie** comedy

comique funny

comme: qu'est-ce que c'est comme voiture? what kind of car is it? **comme ci, comme ça** so-so

commencer to begin

comment? how? **comment ça va?** how are you? how's it going? **comment t'appelles-tu?/comment vous appelez-vous?** what's your name? **comment dit-on ... en français?** how do you say ... in French?

complétez! complete!

composez bien! create sentences!

une **composition** composition

un **comte** Count

un **concert** concert

content happy

le **contraire** opposite; **au contraire!** on the contrary!

contre against: **les Canadiens contre les Russes** the Canadians versus the Russians

une **conversation** conversation

correct(e) correct

côté: à côté de beside, next to

un **crayon** pencil

crier to cry out; to shout

une **cuisine** kitchen

curieux curious

un **cyclomoteur** moped, small motorbike

D

d' (see **de**)

d'accord! all right! okay!

une **dame** lady

dangereux dangerous

dans in; into; **dans la rue Saint-Denis** on St. Denis Street

une **danse** dance

la **date** date; **quelle est la date?** what is the date?

de (d') of; from; **d'ici** from (around) here; **de la, du, de l', des** of the; some, any

décembre December

décrivez! describe!

un **degré** degree

le **déjeuner** lunch; **(petit) déjeuner** breakfast

demain tomorrow; **à demain!** see you tomorrow!

demander (à) to ask

le **départ** departure

de rien you're welcome

derrière behind

des *pl.* of the; some, any

un **dessert** dessert

le **dessin** art; drawing

la **destination** destination

détester to detest, hate

devant in front of

une **devinette** riddle

les **devoirs** homework

un **dialogue** dialogue, conversation

la **différence** difference; **vive la différence!** long live the difference!

dimanche Sunday

le **dîner** dinner, supper; lunch

un **directeur** principal (man); **un sous-directeur** vice-principal (man)

une **directrice** principal (woman); **une sous-directrice** vice-principal (woman)

un **disque** record; **un disque de Roc Leroc** a Roc Leroc record

dit: elle dit bonjour she says hello

un **docteur** doctor

un **dollar** dollar

dommage: c'est dommage that's too bad

donner to give

une **douche** shower

un **drame** drama

du of the; some, any

E

l'**eau** *f.* water

une **école** school

les **écoliers** *m.* schoolchildren

écouter to listen (to)

écrivez! write!

l'**éducation physique** *f.* physical education

eh bien! well then!

un **électrophone** record player

un **élève** pupil, student (boy)

une **élève** pupil, student (girl)

l'**élimination: l'élimination des mots** word elimination

l'**élision** *f.* elision

elle she; it

elles they

embrasser to kiss

une **émission** program

en in; into; by; **en autobus** by bus; **en automne** in (the) fall; **en avion** by plane; **en avril** in April; **en bateau** by boat; **en été** in (the) summer; **en français** in French; **en hiver** in (the) winter; **en métro** by subway; **en retard** late; **en route!** away we go! **en taxi** by taxi; **en train** by train; **en ville** in town, downtown; **en voiture** by car

un **enfant** child (boy)

une **enfant** child (girl)

enfin at last, finally

ensemble together; **tout ensemble** all together

épelez! spell!

une **équipe** team

es: tu es you are

est: il est he is; it is; **elle est** she is; it is; **c'est** it is, it's; **est-ce que . . . ?** phrase used to introduce a question; **n'est-ce pas?** isn't it so? don't you? aren't we? haven't they? etc. **qu'est-ce que . . . ?** what . . . ? **qu'est-ce que c'est?** what is it? **qui est-ce?** who is it?

et and; plus; **et toi?/et vous?** and you? how about you?

l'**été** *m.* summer; **en été** in (the) summer

êtes: vous êtes you are

être to be; **être en retard** to be late

étudier to study

un **exemple** example

l'**explosion: l'explosion des mots** word explosion

une **exposition** exhibition

une **expression** expression

F

un **facteur** mailman

faim: avoir faim to be hungry

faire: to do, to make; **faire du sport** to play sports; **faire du hockey** to play hockey

fais: je fais I do, I make; **tu fais** you do, you make

faisons: nous faisons we do, we make

fait: il fait he does, he makes; **elle fait** she does, she makes;

il fait . . . it's . . . (weather or temperature)

faites: vous faites you do, you make; **faites des phrases!** create sentences!

une **famille** family

fantastique fantastic

faux false, not true; **c'est faux!** it's (that's) wrong! **vrai ou faux?** true or false?

favori favorite

féminin feminine

une **fenêtre** window

une **fête** birthday; **bonne fête!** happy birthday!

février February

une **fille** girl; daughter; **jeune fille** young girl

un **film** movie; **film français** French movie; **film comique** comedy; **film d'horreur** horror movie

font: ils/elles font they do, they make; **deux et trois font cinq** two and three are five

le **football** football (game); soccer (game)

une **forme** form

formidable great, terrific

frais: il fait frais it's cool (weather)

français French; **film français** French movie

le **français** French (language); **en français** in French; **test de français** French test

un **frère** brother

un **frigo** fridge, refrigerator

une **frite** French fry

froid: il fait froid it's cold (weather)

le **fromage** cheese

furieux furious

G

gagner to win

un **garage** garage

un **garçon** waiter; boy

un **gâteau (-x)** cake; **gâteau d'anniversaire** birthday cake

la **géographie** geography

la **glace** ice cream

la **gloire** glory

le **golf** golf

un **goûter** snack

une **grand-mère** grandmother

un **grand-père** grandfather

les **grands-parents** *m.* grand-parents

un **groupe** group

un **gymnase** gymnasium

H

habiter to live in (at) **nous habitons (dans) une maison** we live in a house

un **hamburger de luxe** deluxe hamburger, hamburger with the works

l'**histoire** *f.* history

l'**hiver** *m.* winter; **en hiver** in (the) winter

le **hockey** hockey; **match de hockey** hockey game; **faire du hockey** to play hockey; **jouer au hockey** to play hockey

un **hôtel** hotel

une **hôtesse** stewardess

I

ici here; **d'ici** from (around) here

il he; it; **il fait . . .** it's . . . (weather or temperature); **il neige** it's snowing; **il pleut** it's raining

il y a there is, there are; **qu'est-ce qu'il y a pour le dîner?** what's for dinner?

ils they

une **image** picture

imbécile! (you) dope! dummy!

imitez! imitate!

important important

un **instant** moment

une **interview** interview

inventer to invent; **inventez!** create!

un **invité** guest

inviter to invite

J

janvier January

un **jardin** garden

je (j') I

jeudi Thursday

jeune: jeune fille *f.* young girl

jouer (à) to play; **jouer au hockey** to play hockey; **jouez les rôles d'après le modèle** play the parts according to the model (example)

un **joueur** player

un **jour** day; **jour de congé** holiday; **les jours de la semaine** the days of the week; **quel jour est-ce?** what day is it?

un **journal** diary

une **journée** day, daytime

juillet July

juin June

le **jus** juice; **jus de fruits** fruit juice; **jus d'orange** orange juice; **jus de pommes** apple juice **jus de tomates** tomato juice

K

un **kilo** kilogram (kg)

L

l' (see **le, la**)

la the

là there

un **laboratoire** laboratory

le **lait** milk

le the; **le dix mai** (on) May 10

une **leçon** lesson

les the

la **lettre** letter

leur(s) their

la **liaison** liaison

libre free

lis!/lisez! read!

lisons! let's read!

une **liste** list

un **litre** litre

un **livre** (text)book

Londres London (England)

lundi Monday

la **lune** moon

M

M.: monsieur sir; Mr.

ma my

madame Mrs.

mademoiselle Miss

un **magasin** store

un **magnétophone** tape recorder

magnifique wonderful

mai May

maintenant now

mais but; **mais oui!** why yes!

une **maison** house; **à la maison** at home

malade sick

maman mom

manger to eat

marcher to work, to function

mardi Tuesday

marquer: marquer un but to score a goal

mars March

masculin masculine

un **match** game; **match de hockey** hockey game

les **maths: les mathématiques** f. math, mathematics

une **matière** school subject; **table des matières** table of contents

un **matin** morning; **lundi matin** (on) Monday morning

mauvais: il fait mauvais it's bad (weather)

le **maximum** maximum; **la température maximum** the high (temperature); **la vitesse maximum** the speed limit

un **mécanicien** mechanic

la **mémoire** memory

menacer to threaten

un **menu** menu

merci thank you; **merci beaucoup** thank you very much; **merci de . . .** thank you for . . .

mercredi Wednesday

une **mère** mother

mes my

un **métro** subway; **en métro** by subway

mettez: mettez au pluriel! put into the plural!

midi noon

minuit midnight

une **minute** minute

Mlle: mademoiselle Miss

Mme: madame Mrs.

un **modèle** model, example

moderne modern; **vive l'art moderne!** long live modern art!

moi me, I; **moi aussi** me too; **chez moi** at (to) my house; **pour moi** for me

moins less, minus; **moins sept degrés** minus seven degrees (−7°)

un **mois** month

mon my

monsieur sir; Mr.

un **monsieur** gentleman

un **monstre** monster

montrer to show

un **mot** word

un **moteur** motor

une **moto** motorcycle; **à moto** by motorcycle

une **motoneige** snowmobile

la **moutarde** mustard

la **musique** music

un **mystère** mystery

N

nager to swim

un **navigateur** navigator

ne (n') . . . pas: ce n'est pas son stylo it's not his pen; **ce n'est pas vrai!** it's (that's) not true! **je ne suis pas malade** I'm not sick **n'est-ce pas?** isn't it so? etc.

ne (n') . . . pas de no, not any; **je n'ai pas de livre** I don't have a book; **il n'y a pas d'orangeade** there's no orangeade; **ce n'est pas des pommes** those aren't apples

neige: il neige it's snowing

nerveux nervous

n'est-ce pas? isn't it so? don't you? aren't we? haven't they? etc.

un **nom** name

un **nombre** number

non no

nos our

notre our

nous we

novembre November
un **numéro** number, numeral; **numéro de téléphone** telephone number

O

un **objet** object; **objets perdus** lost objects
une **observation** observation
octobre October
oh là là! wow!
un **oignon** onion
une **omelette** omelet
ont: ils/elles ont they have
une **orange** orange; **jus d'orange** orange juice
l'**orangeade** *f.* orangeade
ou or
où? where?
oui yes

P

le **pain** bread
une **paire** pair
papa dad
un **paquet** package, parcel
par by
parce que (qu') because
pardon! pardon me!
pardon? pardon?
les **parents** *m.* parents; **les grands-parents** grand-parents
parler to speak, to talk
une **partie** part
partitif: article partitif partitive article
une **party** party
pas: (see **ne ... pas; ne ... pas de ...**) **pas de problème!** no problem! **pas très bien** not very well; **pas mal** not bad
un **passager** passenger

pendant during
pénible: elle est pénible! she's a pain!
un **père** father
une **personne** person
le **petit déjeuner** breakfast
une **photo** photograph
une **phrase** sentence; **phrase complète** complete sentence; **phrase négative** negative sentence
un **pied** foot; **à pied** on foot
le **ping-pong** pingpong
une **piscine** swimming pool
une **pizza** pizza
une **place** seat
plaît: s'il te plaît/s'il vous plaît please
le **plancher** floor
une **planète** planet
une **plaque** licence plate
plat: plat du jour daily special
pleurer to cry
pleut: il pleut it's raining
le **pluriel** plural; **au pluriel** in the plural
un **policier** detective movie, crime show
une **pomme** apple; **jus de pommes** apple juice
une **pomme de terre** potato
une **porte** door; "gate"
porter to wear
poser to ask; **posez des questions!** ask questions!
possessif: adjectif possessif possessive adjective
la **possession** possession
un **poster** poster
un **poulet** chicken
pour for; **pour moi** for me; **pour toi** for you
pourquoi? why? **pourquoi**

pas? why not?
la **pratique** practice, drill
précis precise; **soyez précis!** be precise!
premier: le premier juin (on) June 1
un **prénom** first name
les **préparations** *f.* preparations
préparé ready
préparer to prepare
une **préposition** preposition
le **printemps** spring; **au printemps** in (the) spring
un **problème** problem; **pas de problème!** no problem!
un **professeur** teacher
un **projecteur** projector
des **projets** *m.* plans
une **promenade** walk
un **pronom** pronoun
prononcez bien! pronounce correctly!
puis next, then
un **pupitre** student's desk

Q

quand? when? **c'est quand?** when is it?
que: que sais-je? what do I know?
quel/quelle? what? which?
quel appétit! what an appetite! **quel est ton numéro de téléphone?** what is your phone number? **quel temps fait-il?** what's the weather like? **quelle est la température?** what is the temperature? **tu as quel âge?** how old are you?
qu'est-ce que ... ? what ... ?
qu'est-ce que c'est? what is it? **qu'est-ce qu'il y a pour le dîner?** what's for dinner?

une **question** question; **questions personnelles** personal questions
un **questionnaire** questionnaire
questionner to question
qui? who? **qui est-ce?** who is it?
quitter to leave

R

une **radio** radio; **station de radio** radio station
regarde! look!
regarder to look (at)
une **règle** ruler
un **repas** meal
réponds!/répondez! answer!
une **réponse** answer
un **restaurant** restaurant
retourner to return, to go back
le **rosbif** roast beef
une **rue** street; **dans la rue Saint-Denis** on St. Denis Street
un **Russe** a Russian

S

sa his; her; its
sais: que sais-je? what do I know?
une **saison** season; **quelle est la saison?** what season is it?
une **salade** salad
une **salle** room
une **salle à manger** dining room
une **salle de bains** bathroom
une **salle de classe** classroom
une **salle de récréation** recreation room
la **salle des professeurs** staff room
un **salon** living room
salut! hi!
samedi Saturday

un **sandwich** sandwich
saviez: saviez-vous? did you know?
les **sciences** *f.* science
une **semaine** week
septembre September
sérieux serious
ses his; her; its
s'il te plaît/s'il vous plaît, S.V.P. please
le **singulier** singular; **au singulier** in the singular
ski: faire du ski to ski
une **soeur** sister
soif: avoir soif to be thirsty
un **soir** evening; **ce soir** this evening, tonight
une **solution** solution
sombre: il fait sombre it's dark, dull (weather)
sommes: nous sommes we are
son his; her; its
sont: ils/elles sont they are
soudain suddenly
la **soupe** soup
le **souper** dinner, supper
sourd deaf
sous under
un **sous-directeur** vice-principal (man)
une **sous-directrice** vice-principal (woman)
souvent often
soyez précis! be precise!
un **spectateur** spectator
un **sport** sport; **faire du sport** to play sports
un **stade** stadium
une **station** station; **station de radio** radio station
un **stylo** pen
une **substitution** substitution
suis: je suis I am

suivez le modèle! follow the example!
un **supermarché** supermarket
sur on
S.V.P.: s'il vous plaît please
sympathique nice, likeable

T

ta your
une **table** table; **table des matières** table of contents
un **tableau (-x)** chalkboard, blackboard
un **taxi** taxi
la **télé** TV, television; **à la télé** on TV
un **téléphone** telephone; **numéro de téléphone** telephone number; **au téléphone** on the phone
téléphoner à to telephone
une **température** temperature; **quelle est la température?** what is the temperature?
le **temps** weather; time; **quel temps fait-il?** what's the weather like?
le **tennis** tennis
terrible terrible
le **territoire** territory
tes your
un **test: test de français** French test
le **thé** tea
un **toast** piece of toast
toi you; **et toi?** and you? how about you? **pour toi** for you
une **tomate** tomato; **jus de tomates** tomato juice
tomber to fall
ton your
toujours always
un **tour** tour, visit

une **tour** tower; **la tour CN** the CN Tower (Toronto); **la tour de la Paix** the Peace Tower (Ottawa) **la tour Eiffel** the Eiffel Tower (Paris)

un **touriste** tourist (male)

une **touriste** tourist (female)

un **tourne-disque** record player

tout ça all that

tout de suite right away, immediately

tout ensemble all together

un **train** train; **en train** by train

travail: au travail! (get) to work!

travailler to work

trembler to tremble

très very; **très bien** very well; very good

trouver to find

tu you

tuer to kill

U

un a, an; one

une a, an; one

une **unité** unit

V

va: ça va? how are you? how's it going? **ça va** all right **il va** he is going;

elle va she is going

les **vacances** *f.* holidays, vacation

vais: je vais I go, I am going, I do go

vas: tu vas you are going; **vas-y!** go ahead!

une **vendeuse** saleslady

vendredi Friday

une **vente** sale

un **verbe** verb

un **verre** glass

la **viande** meat

une **victime** victim

une **victoire** victory

vide empty

viens: tu viens chez moi? are you coming to my house?

une **ville** city; **en ville** in town, downtown

le **vin** wine

une **visite** visit

visiter to visit

un **visiteur** visitor

vite! hurry up! quick!

la **vitesse** speed

vive la différence! long live the difference! **vive l'art moderne!** long live modern art!

un **vocabulaire** vocabulary; **vocabulaire en images** illustrated vocabulary

voici here is, here are

voilà there is, there are

un **voisin** neighbour

une **voisine** neighbour

une **voiture** car; **voiture de sport** sports car; **en voiture** by car

un **vol** flight

le **volley-ball** volleyball (game)

volontiers gladly

vont: ils/elles vont they are going

vos your

votre your

vous you; **s'il vous plaît** please

un **voyage** trip; **bon voyage!** have a good trip!

voyager to travel

une **voyelle** vowel

vrai true; **vrai ou faux?** true or false? **ce n'est pas vrai!** it's (that's) not true!

vraiment? really?

W

un **week-end** weekend

un **western** western (movie)

Y

y: il y a there is, there are

Z

zéro zero

zut! darn it!

INDEX